노래로 배우는 스페인어

김은경 저자
라이몬 블랑카포르트 저자

김은경 (金銀瓊)

학력
- 한국외국어대학교 서양어대학 서반아어과 문학사, 1981년 졸
- 한국외국어대학교 통역번역대학원 한영서과 문학석사 (통역번역), 1983년 졸
- 멕시코 Universidad Autónoma de Guadalajara 대학원 문학석사 (스페인어학), 1984년 졸
- 스페인 Universidad Complutense de Madrid 대학원 문학박사 (스페인어학), 1987년 졸

경력
- 현 서울대학교 인문대학 서어서문학과 교수
- 현 한국국제교류재단 발간 KOREANA 서문판 편집장
- 현 서울대학교 언어교육원 SNULT (SNU Language Test) 위원
- 현 서울대학교 라틴아메리카연구소 운영위원
- 현 서울대학교 협동과정 여성학 전공 겸무교수
- 전 한국스페인어문학회 부회장
- 전 한국문학번역원 사회 이사
- 전 서울대학교 인문대학 부학장
- 전 서울대학교 성희롱·성폭력 상담소 소장

번역 및 집필
- 시집 번역: 고은의 『만인보』, 최승호의 『얼음의 자서전』, 정현종의 『광휘의 속삭임』, 신달자의 『종이』, 송기원의 『단 한번 보지 못한 내 꽃들』 외 다수
- 단편소설 번역: 김유정의 『봄봄』, 황순원의 『소나기』, 신경숙의 『여자의 이미지』, 현진건의 『운수 좋은 날』, 은희경의 『아내의 상자』 외 60여편
- 장편소설 번역: 김동리의 『을화』
- 『스페인어회화작문』, 서울대학교출판부 / 『초급 스페인어 1, 2』, 서울대학교출판문화원, 『교양스페인어』, 문예림, 외국인을 위한 기초한국어 교재 등 다수 집필

Raimon Blancafort

학력
- 스페인 Universidad Autónoma de Barcelona 문학 철학부 학사 (고전문학), 1991년 졸
- 스페인 Universidad Autónoma de Barcelona 역사학부 학사 (일반역사), 2003년 졸
- 스페인 Universidad Autónoma de Barcelona 국제대학원 석사 (동아시아학), 2005년 졸
- 스페인 Universidad Autónoma de Barcelona 고대 및 중세학부 박사과정 (역사학), 2011년 수료

경력
- 현 서울대학교 서어서문학과 초빙교수
- 현 서울대학교 언어교육원 (SNU Language Test) 위원
- 현 한국국제교류재단 발간 KOREANA 서문판 번역 및 감수
- 현 서울 및 대구 DELE 시험 심사위원 및 회화 시험관
- 전 대구가톨릭대학교 스페인어과 초빙교수
- 전 전북외국어고등학교 스페인어 회화 강사
- 『초급 스페인어 1, 2』, 서울대학교출판문화원 등 다수 집필

노래로 배우는 스페인어

초판 인쇄	2015년 2월 1일
초판 발행	2015년 2월 5일
지은이	김은경 / Raimon Blancafort
발행인	서덕일
펴낸곳	도서출판 문예림
주소	서울시 광진구 능동로 29길 6 문예하우스 101호 (143-837)
전화	(02)499-1281~2
팩스	(02)499-1283
홈페이지	http://www.bookmoon.co.kr
Email	book1281@hanmail.net
출판등록	1962년 7월 12일 제 2-110호
ISBN	978-89-7482-812-7 (13790)

- 잘못된 책은 구입하신 서점에서 교환하여 드립니다.
- 인지는 저자협의에 의해 생략합니다.

머리말

노·래·로·배·우·는·스·페·인·어

prefacio

　스페인어권에서 선호되는 대중가요 30곡을 선별하여 노래집을 엮어 스페인어 학습의 보조 자료로 활용 하도록 하는 것이 발간의 목적이다. 부연하자면, 스페인어로 쓰여진 원어 가사에 한국어 번역을 병기하여 가사의 내용을 쉽게 이해하도록 하여 스페인어를 배우는 학습자의 입장에서 일종의 교재가 될 수있도록 하였다. 아울러, 스페인 및 중남미에서 일반 대중들이 즐겨 부르는 노래들을 우선적으로 수록하고 있어, "노래" 속에 녹아 있는 그들의 고유한 문화와 정서를 이해하는 데에도 본 노래집이 일조하리라 사료된다.

　오늘날과 같은 국제화 시대에 문화 교류의 중요성은 아무리 강조해도 지나치지 않으며 대중가요야말로 교류의 기저를 이루고 있어 국제 교류에서 차지하는 부분이 매우 크다고 할 수 있겠다. 곡을 선별함에 있어 가급적이면 스페인어권에서의 삶에 대한 열정과 정서를 충분히 공감할 수 있는 것들을 우선적으로 수록하도록 했으며, 선별된 노래를 부르거나 연주한 가수 및 그룹에 대한 간략한 소개를 스페인어 및 한국어로 주석을 달아서 그들이 걸어온 예술의 발자취를 이해할 수 있게 하였다. 또한 반주 코드가 포함되어 있는 악보를 게재하여 피아노 뿐만 아니라 기타 등 여러 악기로 연주를 해 볼 수 있도록 하였다. 가사는 먼저 스페인어 원어로 기록하고, 이후 한글 번역을 첨가하는 방식을 취했고, 곡마다 주요 어휘들과 문장에 대하여 간략히 문법적 설명을 제공함으로써 스페인어 학습에도 도움이 되도록 구성하였다. 따라서, 본 노래집은 개인적인 스페인어 학습에 활용될 수 있을 뿐만 아니라, 교실에서 그리고 스페인어 캠프나 그룹 활동 등에서도 학습자료로 활용될 수 있을 것이다.

　본 노래집을 함께 엮은 Raimon Blancafort교수님, 감수자이신 한양대 서은희 연구교수님, 출판 및 교정 등 전 과정에서 수고한 서울대학교 서어서문학과 대학원 손지은, 송아람, 박사라, 이영주 등에게 감사의 말씀을 전한다.

2015년 1월
김 은 경

PRÓLOGO

El presente libro de canciones, en versión bilingüe, que deseamos ofrecer y compartir con nuestros lectores coreanos, tiene como objetivo principal aportar nuevos contenidos que les ayuden a conocer mejor el panorama musical en lengua española, a partir de canciones españolas y latinoamericanas.

Este es un aspecto todavía poco conocido y, por tanto, aún poco valorado en Corea del Sur, pero que sin duda refleja bien la idiosincrasia de las sociedades española e hispanoamericana. En general, a pesar de la distancia geográfica existente entre España y América, se puede apreciar una forma de sentir y una cultura comunes entre ambas realidades basadas en más de cinco siglos de relación, las cuales toman forma y se expresan en un variado e interesante repertorio de géneros musicales.

Ciertamente, en un mundo cada vez más globalizado y en el que el intercambio cultural adquiere más importancia, consideramos que no debe dejarse de lado el mundo de la canción. Con seguridad, las canciones que recogemos en este cancionero transmitirán a los lectores la esencia de los sentimientos y de la pasión por la vida del mundo hispano, pero también muchos otros aspectos socioculturales propios de todos los países de habla española. Por ese motivo, el cancionero también incluye breves presentaciones de todos los cantantes, a fin de que sea posible conocer su trayectoria artística y contextualizarlos adecuadamente.

En este sentido, podría pensarse que las canciones que forman esta pequeña selección son solamente de utilidad para aquellos que estén interesados en la música en lengua española, ya que este cancionero aporta tanto las letras de las mismas y su traducción al coreano como su anotación musical. Sin embargo, este cancionero está también destinado a aquellas personas que deseen aprender español o mejorar su nivel mediante el uso y el estudio de las canciones que se ofrecen.

En otras palabras, este cancionero responde a diversas finalidades y pretende ser un estímulo positivo para los que quieran aprender español. Si se usan las canciones como material para el autoaprendizaje, es posible practicar tres aspectos lingüísticos importantes: la fonética (gracias al esfuerzo por leer o cantar una canción con buena dicción y entonación siguiendo su versión original), el vocabulario (contenido en las canciones y con el eficaz apoyo de traducciones al coreano) y la gramática (a partir de una serie de breves indicaciones de carácter gramatical que acompañan a todas las canciones).

Finalmente, pensamos que la presente edición podría facilitar la realización de actividades educativas o recreativas (en aulas, campamentos o agrupaciones de personas interesadas en la música) que combinen entretenimiento y estudio, lo cual a su vez favorecería las relaciones personales y de colaboración entre estudiantes y profesores o entre compañeros y amigos.

En verdad, la música es un lenguaje universal que todo el mundo aprecia y disfruta, pero también es una fuente de inspiración y una manera de liberarse de tensiones o incluso de experimentar otras realidades diferentes a la nuestra. Sin duda, la música es vida y energía, y nuestro deseo es que las canciones de este cancionero permitan a los lectores descubrir el sentimiento vital que contienen y abrirse a la experiencia de descubrir algo más sobre la cultura de habla española.

차 례

노・래・로・배・우・는・스・페・인・어

♭ contenidos

머리말 · 3
차례 · 4

가수명	노래명(한글과 병기 가능)

Trío Los Panchos
- 01. Adoro · 10
- 02. Bésame mucho · · · · · · · · · · · · · · · 21
- 03. Historia de un amor · · · · · · · · · 27
- 04. ¿Quién será? · · · · · · · · · · · · · · · · 37
- 05. Quizás, quizás, quizás · · · · · · · · 43

Mocedades
- 06. Eres tú · 50

Christina Aguilera
- 07. Pero me acuerdo de ti · · · · · · · · 57
- 08. Ven conmigo, baby · · · · · · · · · · · 68
- 09. Si no te hubiera conocido · · · · · 81
- 10. Mi reflejo · · · · · · · · · · · · · · · · · · · 93
- 11. Falsas esperanzas · · · · · · · · · · · · 102
- 12. Por siempre tú · · · · · · · · · · · · · · · 114
- 13. El beso del final · · · · · · · · · · · · · 125

Los Lobos
- 14. La bamba · · · · · · · · · · · · · · · · · · · 136

노 • 래 • 로 • 배 • 우 • 는 • 스 • 페 • 인 • 어

♭ contenidos

가수명	노래명(한글과 병기 가능)	
Luis Miguel	15. Contigo en la distancia	146
	16. Dímelo en un beso	155
	17. Sol, arena y mar	167
Julio Iglesias	18. Gozar la vida	179
	19. Te voy a contar mi vida	190
	20. Mamacita	201
Juanes	21. La camisa negra	214
	22. Fotografía	227
	23. La paga	239
	24. Volverte a ver	255
Jennifer López	25. No me ames	268
Shakira	26. Ciega, sordomuda	284
	27. Que me quedes tú	299
Gloria Estefan	28. Oye mi canto	313
	29. Tu fotografía	323
	30. No me dejes de querer	333

노래로 배우는 스페인어

Trío Los Panchos
뜨리오 로스 빤초스

Trío Los Panchos: este trío se formó en la ciudad de Nueva York en 1944, donde los mexicanos Alfredo Bojalil Gil, mejor conocido como "El Güero", y José de Jesús Navarro Moreno, mejor conocido como "Chucho Navarro", junto al puertorriqueño Herminio Avilés Negrón, de nombre artístico "Hernando Avilés", decidieron unir sus talentos e innovar el género

de los tríos cantando a tres voces y tres guitarras. Después de 49 años de carrera, el Trío Los Panchos ha dejado un legado de aproximadamente 1.122 canciones sin contar grabaciones o transmisiones radiofónicas, ni presentaciones en TV. Además, ha grabado en diferentes idiomas (español, inglés, japonés, árabe, tagalo, griego e italiano) y ha interpretado diversos géneros musicales como el tango, country, vals peruano, pasillo, son, rumba, mambo, guaracha, cha-cha-chá, joropo, merengue, clave, guaranía, galopa, blues, cueca y pasaje venezolano. Por todo ello, sin duda alguna, este grupo musical es el más famoso y reconocido en todo el mundo hispano.

엘 뜨리오 로스 빤초스: 1944년 뉴욕시에서 만들어졌다. 이곳에서 엘 구에로, 추초 나바로로 각각 더 잘 알려진 두 멕시코인 알프레도 보할릴 힐과 호세 데 헤수스 나바로 모레노와, 에르난도 아빌레스라는 예명의 푸에르토리코인 에르미노 아빌레스 네그론은 그들의 재능을 합쳐 세 명의 보컬과 기타 셋으로 노래함으로써 트리오 장르를 혁신하고자 결정했다. 가수생활 49년 동안 뜨리오 로스 빤초스는 라디오 방송, 혹은 녹음과 TV 방영을 제외하고도 약 1,122개나 되는 곡들을 남겼다. 뿐만 아니라, 다른 언어(스페인어, 영어, 일본어, 아랍어, 타갈로어, 그리스어, 이탈리아어)로도 녹음했으며, 마찬가지로 탱고, 컨츄리, 발스 뻬루아노, 빠시요, 손, 룸바, 맘보, 과라차, 차차차, 호로포, 메렝게, 끌라베, 과라니아, 갈로빠, 블루스, 구에까, 빠사헤 베네쏠라노 등과 같은 다양한 음악장르를 연주하기도 했다. 이를 종합하여 볼 때, 추호도 의심할 여지없이, 이 그룹은 전(全) 히스패닉 세계에서 가장 유명하고 각광받는 그룹임에 분명하다.

01 Adoro

Trío Los Panchos

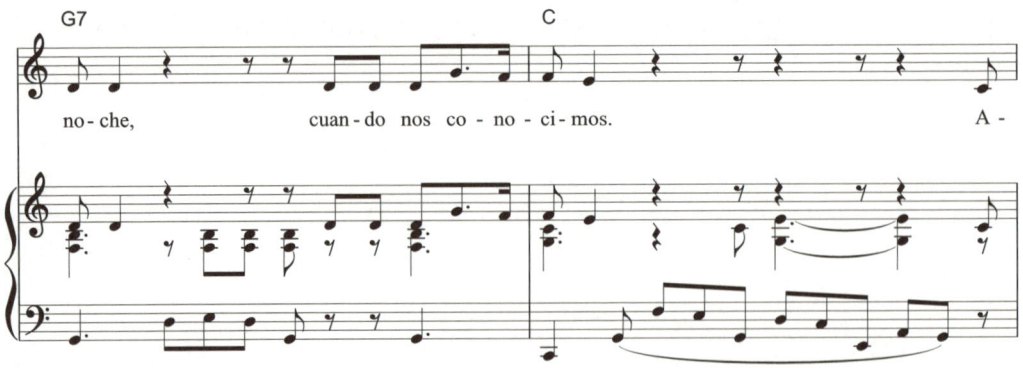

A - do - ro, la ca - lle en que nos vi - mos, la no - che, cuan - do nos co - no - ci - mos. A -

Adoro

Trío Los Panchos

Adoro la calle en que nos vimos,
la noche cuando nos conocimos.
Adoro las cosas que me dices,
nuestros ratos felices
los adoro, vida mía.

Adoro la forma en que sonríes
y el modo en que a veces me riñes.
Adoro la seda de tus manos,
los besos que nos damos
los adoro, vida mía.

Y me muero por tenerte junto a mí,
cerca, muy cerca de mí.
No separarme de ti.

Y es que eres mi existencia, mi sentir,
eres mi luna y eres mi sol,
eres mi noche de amor.

Adoro el brillo de tus ojos,
lo dulce que hay en tus labios rojos.

Adoro la forma en que me miras
y hasta cuando suspiras
yo te adoro, vida mía.

Y me muero por tenerte junto a mí,
cerca, muy cerca de mí.
No separarme de ti.

Y es que eres mi existencia, mi sentir,
eres mi luna, eres mi sol,
eres mi noche de amor (noche de amor).

Yo te adoro, vida mía.
Yo te adoro, vida mía.
Yo te adoro, vida mía.

진정으로 사랑합니다

Trío Los Panchos

진정으로 사랑합니다.
우리가 서로 만났던 그 길을,
우리가 서로 알게 되었던 그 밤을.
진정으로 사랑합니다.
그대가 내게 말했던 것들을,
우리의 행복했던 순간들을.
그것들을 진정으로 사랑합니다, 나의 삶이여.

진정으로 사랑합니다.
그대가 미소 짓는 모습을,
그리고 때때로 그대가 나와 다투는 방식을.
진정으로 사랑합니다.
비단 같은 그대의 두 손을
우리가 서로 나누는 입맞춤을
그것들을 진정으로 사랑합니다, 나의 삶이여.

그리고 그대를 내 곁에 두고 싶어 죽겠어요,
가까이, 내 곁에 아주 가까이.
그대와 떨어지고 싶지 않아요.

그대는 나의 존재요, 나의 감각이요,
나의 달이자, 나의 태양,
나의 사랑의 밤이거든요.

진정으로 사랑합니다.
그대 두 눈망울의 영롱함을,
그대 붉은 두 입술 속 달콤함을.
진정으로 사랑합니다.
나를 바라보는 그대의 표정을,
심지어 그대가 한숨 지을 때조차도
나는 그대를 진정으로 사랑합니다, 나의 삶이여.

그리고 그대를 내 곁에 두고 싶어 죽겠어요,
가까이, 내 곁에 아주 가까이,
그대와 헤어지고 싶지 않아요.

그대는 나의 존재요, 나의 감각이요,
나의 달이자, 나의 태양,
나의 사랑의 밤이거든요. (사랑의 밤)

나 그대를 진정으로 사랑합니다, 나의 삶이여.
나 그대를 진정으로 사랑합니다, 나의 삶이여.
나 그대를 진정으로 사랑합니다, 나의 삶이여.

어휘 및 문법

- **adoro**: adorar (찬미하다, 찬양하다)의 직설법 현재 1인칭 단수
  (직설법 현재형: adoro, adoras, adora, adoramos, adoráis, adoran)
- **la calle**: 길
- **vimos**: ver (보다, 만나다)의 직설법 부정과거 1인칭 복수
  (직설법 부정과거형: vi, viste, vio, vimos, visteis, vieron)
- **la noche**: 밤
- **conocimos**: conocer (알다)의 직설법 부정과거 1인칭 복수
  (직설법 부정과거형: conocí, conociste, conoció, conocimos, conocisteis, conocieron)
- **el rato**: 잠깐, 순간, 짧은 시간
- **feliz**: 행복한, 즐거운
- **vida mía**: 나의 삶(= mi vida)
- **la forma**: 방식, 양식
- **sonríes**: sonreír (미소짓다)의 직설법 현재 2인칭 단수
  (직설법 현재형: sonrío, sonríes, sonríe, sonreímos, sonreís, sonríen)
- **el modo**: 방식, 형태, 양식
- **a veces**: 때때로, 가끔씩
- **riñes**: reñir (말다툼하다, 싸우다)의 직설법 현재 2인칭 단수
  (직설법 현재형: riño, riñes, riñe, reñimos, reñís, riñen)
- **la seda**: 비단, 실크
- **damos**: dar (주다)의 직설법 현재 1인칭 복수
  (직설법 현재형: doy, das, da, damos, dais, dan)
- **muero**: morir (죽다)의 직설법 현재 1인칭 단수
  (직설법 현재형: muero, mueres, muere, morimos, morís, mueren)
- **junto a mí**: 나의 곁에
- **cerca**: 가까이

- separar: 헤어지다, 떨어지다
  (직설법 현재형: separo, separas, separa, separamos, separáis, separan)
- mi existencia: 나의 존재
- mi sentir: 나의 감각
- el brillo: 영롱함, 광채, 빛
- lo dulce: 달콤한 것 (중성관사 lo + 형용사 = ~한 것)
- miras: mirar (바라보다)의 직설법 현재 2인칭 단수
  (직설법 현재형: miro, miras, mira, miramos, miráis, miran)
- hasta: ~까지, 본 내용에서는 "심지어 ~ 할 때에도"
- suspiras: suspirar (한숨 쉬다)의 직설법 현재 2인칭 단수
  (직설법 현재형: suspiro, suspiras, suspira, suspiramos, suspiráis, suspiran)

02 Bésame mucho

Trío Los Panchos

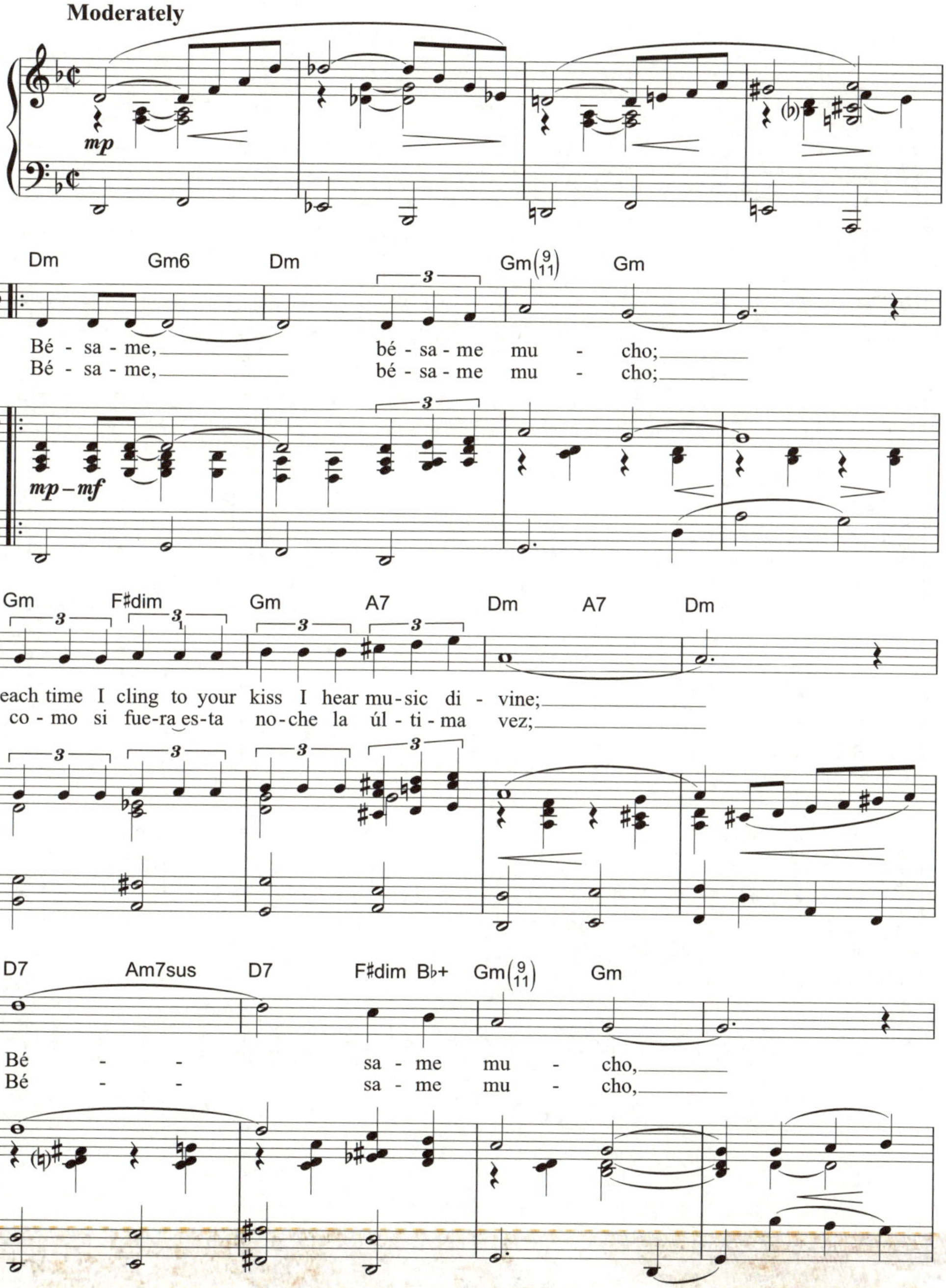

Bésame mucho

Trío Los Panchos

Bésame, bésame mucho,
como si fuera esta noche
la última vez.

Bésame, bésame mucho,
que tengo miedo a perderte,
perderte después.

Quiero tenerte muy cerca,
mirarme en tus ojos
y estar junto a ti.

Piensa que tal vez mañana,
estaré muy lejos,
muy lejos de aquí.

Bésame, bésame mucho,
como si fuera esta noche
la última vez.

Bésame, bésame mucho,
que tengo miedo a perderte,
perderte después.

많이 키스해 주세요

Trío Los Panchos

키스해 주세요, 많이 해 주세요,
마치 오늘밤이
마지막인 것처럼.

키스해 주세요, 많이 해 주세요,
그대를 잃어버릴까 두렵거든요,
그리고 나서 그대를 잃을까 봐

그대를 매우 가까이 두고,
그대 두 눈에 비친 나를 보며
그대와 함께 있고 싶어요.

어쩌면 내일
내가 아주 멀리 있을 거라 생각하세요.
여기로부터 아주 먼 곳으로.

키스해 주세요, 많이 해 주세요,
마치 오늘밤이
마지막인 것처럼.

키스해 주세요, 많이 해 주세요,
그대를 잃어버릴까 두렵거든요,
그리고 나서 그대를 잃을까 봐

어휘 및 문법

- bésame: besar (키스하다)의 2인칭 명령형(me는 '나에게' 라는 의미)
  (직설법 현재형: beso, besas, besa, besamos, besáis, besan)
- como si fuera: 마치 ~인 것처럼
  (como의 다음에 시제는 항상 접속법 과거형을 사용)
- la última vez: 마지막
- tengo miedo: 나는 두렵다
  tener: 가지다 (직설법 현재형: tengo, tienes, tiene, tenemos, tenéis, tienen)
  miedo: 두려움
- perder: 잃다, 놓치다
  (직설법 현재형: pierdo, pierdes, pierde, perdemos, perdéis, pierden)
  perderte: 너를 잃다 (te는 직접 목적어)
- después: 이후에, 뒤에
- quiero: querer (원하다)의 직설법 현재 1인칭 단수
  (직설법 현재형: quiero, quieres, quiere, queremos, queréis, quieren)
  querer + 동사원형 = ~하고 싶다
- piensa: pensar (생각하다)의 2인칭 명령형
  (직설법 현재형: pienso, piensas, piensa, pensamos, pensáis, piensan)
- tal vez: 어쩌면, 아마도 (= quizás)
- lejos: 멀리

Historia de un amor

Trío Los Panchos

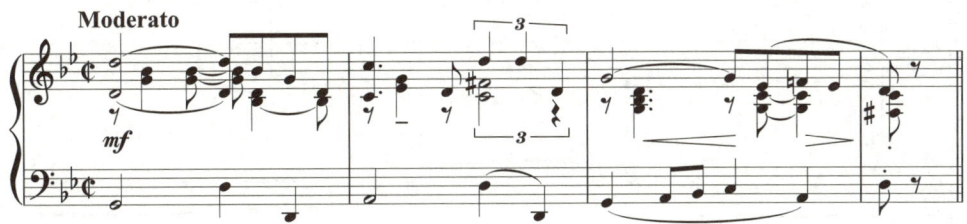
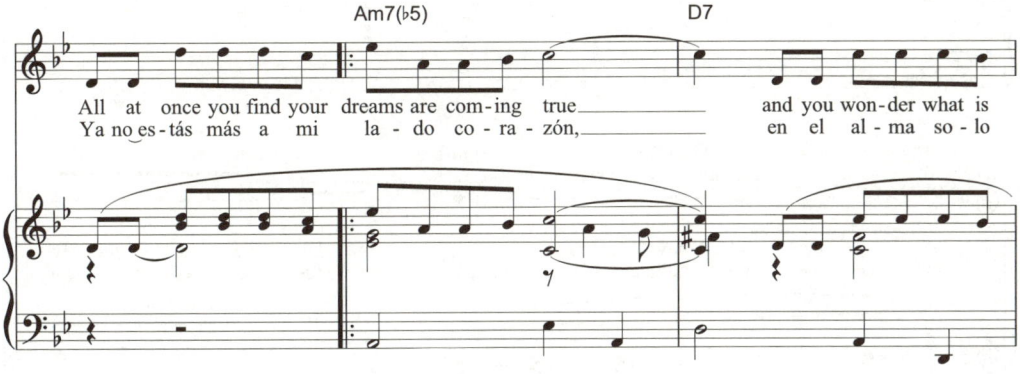

All at once you find your dreams are com-ing true, and you won-der what is hap-pen-ing to you! Then you feel your head go spin-ning, but it's on-ly the be-
Ya no es-tás más a mi la-do co-ra-zón, en el al-ma so-lo ten-go so-le-dad y si yo no pue-do ver-te, ¿por qué Dios me hi-zo que-

Historia de un amor

Trío Los Panchos

Ya no estás más a mi lado, corazón.
En el alma solo tengo soledad.
Y si ya no puedo verte,
¿por qué Dios me hizo quererte
para hacerme sufrir más?

Siempre fuiste la razón de mi existir.
Adorarte para mí fue religión
y en tus besos yo encontraba
el calor que me brindaban
el amor y la pasión.

Es la historia de un amor,
como no hay otro igual,
que me hizo comprender
todo el bien, todo el mal.
Que le dio luz a mi vida
apagándola después.

¡Ay, qué vida tan oscura!
¡Sin tu amor no viviré!

Es la historia de un amor.
Es la historia de un amor,
como no hay otro igual,
que me hizo comprender
todo el bien, todo el mal.
Que le dio luz a mi vida
apagándola después.

¡Ay, qué vida tan oscura!
¡Sin tu amor no viviré!
Es la historia de un amor.

어느 사랑 이야기

Trío Los Panchos

이제 더 이상 내 곁에 없구나, 내 사랑아
가슴 속에 오직 고독만 가득한데.
내가 다시 너를 볼 수 없다면,
신은 왜 널 사랑하게 하셨는지?
삶의 고통을 더 느끼도록?

넌 항상 내가 존재하는 이유였어.
너를 사랑함이 나의 종교였으며
너의 입맞춤 속에서 열기를 느꼈어
사랑과 정열이 주는.

이건 어느 사랑 이야기야
이와 같은 이야기는 없기에,
모든 선한 것과, 모든 악한 것을
이해하게 해 준 이야기.
내 삶에 빛을 가져다주고
이후에는 그 빛을 꺼버린 이야기.

아, 이렇게 어두운 삶이란!
네 사랑 없이 살 수 없어!

이건 어느 사랑 이야기야
이와 같은 이야기는 없기에,

모든 선한 것과, 모든 악한 것을
이해하게 해 준 이야기.
내 삶에 빛을 가져다주고
이후에는 그 빛을 꺼버린 이야기.

아, 이렇게 어두운 삶이란!
네 사랑 없이 살 수 없어!
이건 어느 사랑 이야기야.

어휘 및 문법

- a mi lado: 나의 곁에, 내 옆에
- el corazón: 심장, 사랑, 애정
- el alma: 가슴, 마음, 영혼
- la soledad: 고독, 외로움
- puedo: poder (~할 수 있다)의 직설법 현재 1인칭 단수
  (직설법 현재형: puedo, puedes, puede, podemos, podéis, pueden)
- hizo: hacer (하다)의 직설법 부정과거 3인칭 단수
  (직설법 부정과거형: hice, hiciste, hizo, hicimos, hicisteis, hicieron)
  hacer + 동사원형 = ~하도록 하게 하다
- sufrir: 고통받다, 괴로워하다
- siempre: 항상
- fuiste: ser (~이다) / ir (가다)의 직설법 부정과거 2인칭 단수
  (직설법 부정과거형: fui, fuiste, fue, fuimos, fuisteis, fueron)
- la razón: 이유, 이성
- encontraba: encontrar (찾다)의 직설법 불완료 과거 1, 3인칭 단수
  (직설법 불완료 과거형: encontraba, encontrabas, encontraba, encontrábamos, encontrabais, encontraban)
- el calor: 열기
- brindaban: brindar (주다, 건배하다)의 직설법 불완료 과거 3인칭 복수
  (직설법 불완료 과거형: brindaba, brindabas, brindaba, brindábamos, brindabais, brindaban)
- comprender: 이해하다, 납득하다
  (직설법 현재형: comprendo, comprendes, comprende, comprendemos, comprendéis, comprenden)
- todo el bien: 모든 선한 것, 모든 좋은 것
- todo el mal: 모든 악한 것, 모든 나쁜 것
- la luz: 빛, 밝음

- apagándola: apagar (끄다)의 현재 분사형
  (la는 목적형 인칭 대명사로서, 앞에서 언급된 luz를 의미)
  (직설법 현재형: apago, apagas, apaga, apagamos, apagáis, apagan)
- tan: 그렇게
- oscuro/a: 어두운
- viviré: vivir (살다)의 직설법 미래 1인칭 단수
  (직설법 미래형: viviré, vivirás, vivirá, viviremos, viviréis, vivirán)

¿Quién será?

Trío Los Panchos

When ma-rim-ba rhy-thms start to play, dance with me, make me sway,
¿Quién se-rá la que me quie-ra a mí? ¿Quién se-rá? ¿Quién se-rá?

like the la-zy o-cean hugs the shore, hold me close, sway me more.
¿Quién se-rá la que me dé su a-mor? ¿Quién se-rá? ¿Quién se-rá?

¿Quién será?

Trío Los Panchos

¿Quién será la que me quiera a mí?
¿Quién será? ¿Quién será?
¿Quién será la que me dé su amor?
¿Quién será? ¿Quién será?

Yo no sé si la podré encontrar.
Yo no sé. Yo no sé.
Yo no sé si volveré a querer.
Yo no sé. Yo no sé.

He querido volver a vivir
la pasión y el calor de otro amor.
De otro amor que me hiciera sentir,
que me hiciera feliz como ayer lo fui.

¿Quién será la que me quiera a mí?
¿Quién será? ¿Quién será?
¿Quién será la que me dé su amor?
¿Quién será? ¿Quién será?
¿Quién será...?

누구일까?

Trío Los Panchos

날 사랑해 줄 사람은 누구일까?
누구일까? 누구일까?
나에게 사랑을 줄 사람은 누구일까?
누구일까? 누구일까?

난 모르겠어 내가 그녀를 찾을 수 있을지.
난 모르겠어, 난 모르겠어.
또 다시 내가 사랑을 할 수 있을지 잘 모르겠어.
난 모르겠어, 난 모르겠어.

다른 사랑의 열정과 열기를
다시 느껴보기를 원했지.
내가 느낄 수 있도록 하는 다른 사랑,
내가 어제 행복했던 것처럼 그렇게 해 줄 수 있는 사랑.

날 사랑해 줄 사람은 누구일까?
누구일까? 누구일까?
나에게 사랑을 줄 사람은 누구일까?
누구일까? 누구일까?

어휘 및 문법

- quién: 누구 (의문대명사)
- será: ser (~이다)의 직설법 미래 3인칭 단수
  (직설법 미래형: seré, serás, será, seremos, seréis, serán)
- la que: ~하는 여자
  el que: ~하는 남자
- dé: dar (주다)의 접속법 현재 1, 3인칭 단수
  (접속법 현재형: dé, des, dé, demos, deis, den)
- sé: saber (알다)의 직설법 현재 1인칭 단수
  (직설법 현재형: sé, sabes, sabe, sabemos, sabéis, saben)
- volveré: volver (돌아가다)의 직설법 미래 1인칭 단수
  volver a + 동사원형 = 다시 ~하다
  (직설법 미래형: volveré, volverás, volverá, volveremos, volveréis, volverán)
- he querido: querer (원하다)의 직설법 현재완료 1인칭 단수
  (직설법 현재완료형: he querido, has querido, ha querido, hemos querido, habéis querido, han querido)
- vivir: 원뜻은 '살다' 이며 원래 목적어 없이 쓰이는 동사이지만, 본문에서는 sentir(느끼다, 체험하다)의 의미로 사용
  (직설법 현재형: vivo, vives, vive, vivimos, vivís, viven)
- hiciera: hacer (하다)의 접속법 과거 1, 3인칭 단수
  (접속법 과거형: hiciera, hicieras, hiciera, hiciéramos, hicierais, hicieran)
  hiciera sentir 느끼게 하다
  me hiciera feliz 나를 행복하게 하다
- sentir: 느끼다 (직설법 현재형: siento, sientes, siente, sentimos, sentís, sienten)
- ayer: 어제
- fui: ser (~이다)의 직설법 부정과거 1인칭 단수
  (직설법 부정과거형: fui, fuiste, fue, fuimos, fuisteis, fueron)

Quizás, quizás, quizás

Trío Los Panchos

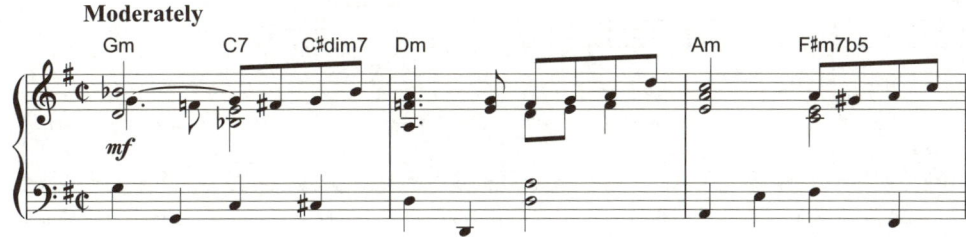

Quizás, quizás, quizás

Trío Los Panchos

Siempre que te pregunto
que cuándo, cómo y dónde,
tú siempre me respondes...
quizás, quizás, quizás.

Y así pasan los días
y yo voy desesperando.
Y tú, tú, tú contestando...
quizás, quizás, quizás.

Estás perdiendo el tiempo
pensando, pensando.
Por lo que más tú quieras,
¿hasta cuándo? ¿Hasta cuándo?

¡Ay! Y así pasan los días
y yo voy desesperando.
Y tú, tú, tú contestando...
quizás, quizás, quizás.
(Quizás, quizás, quizás).

아마도, 아마도, 아마도

Trío Los Panchos

난 항상 그대에게 묻지요
언제, 어떻게, 그리고 어디서냐고,
그대는 늘 나에게 답하죠…
아마도, 아마도, 아마도.

이렇게 여러 날들이 지나가고
난 이렇게 절망하고.
그리고 그대는, 그대는, 그대는 답하죠.
아마도, 아마도, 아마도.

당신은 시간을 잃어버리고 있어요
생각하고, 생각하며.
제발
언제까지, 언제까지 인가요?

이렇게 여러 날들이 지나가고
난 이렇게 절망하고.
그리고 그대는, 그대는, 그대는 답하죠…
아마도, 아마도, 아마도.
(아마도, 아마도, 아마도).

어휘 및 문법

- quizás: 아마도, 어쩌면
- siempre que: ~할 때마다
- pregunto: preguntar (묻다, 질문하다)의 직설법 현재 1인칭 단수
  (직설법 현재형: pregunto, preguntas, pregunta, preguntamos, preguntáis, preguntan)
- cúando: 언제   • cómo: 어떻게   • dónde: 어디에서   • así: 그렇게, 이렇게
- respondes: responder (대답하다)의 직설법 현재 2인칭 단수
  (직설법 현재형: respondo, respondes, responde, respondemos, respondéis, responden)
- pasan: pasar (지나가다)의 직설법 현재 3인칭 복수
  (직설법 현재형: paso, pasas, pasa, pasamos, pasáis, pasan)
- voy: ir (가다)의 직설법 현재 1인칭 단수
  ir + 현재분사 = 계속 ~해 가다
  (직설법 현재형: voy, vas, va, vamos, vais, van)
- desesperando: desesperar (절망하다)의 현재분사
  (직설법 현재형: desespero, desesperas, desespera, desesperamos, desesperáis, desesperan)
  현재분사: -ar로 끝나는 동사는 -ando, -er와 -ir로 끝나는 동사는 -iendo를 붙임
  규칙: hablar → hablando, comer → comiendo, vivir → viviendo
  불규칙: leer → leyendo의 경우는 예외
- contestando: contestar (대답하다)의 현재분사
  (직설법 현재형: contesto, contestas, contesta, contestamos, contestáis, contestan)
- perdiendo: perder (잃어버리다)의 현재분사
- estás perdiendo: 잃어버리고 있는 중이다 (estar + 현재분사 = 현재진행형)
- por lo que más tú quieras: [관용어] 제발 (por favor)
- quieras: querer (원하다)의 접속법 현재 2인칭 단수
  (접속법 현재형: quiera, quieras, quiera, queramos, queráis, quieran)
- pensando: pensar (생각하다)의 현재분사
  (직설법 현재형: pienso, piensas, piensa, pensamos, pensáis, piensan)
- hasta cuándo: 언제까지

Mocedades
모쎄다데스

Mocedades: fue un grupo musical español formado en 1969. No debe confundirse con el grupo El Consorcio, formado por ex componentes del primer grupo e identificado erróneamente como Mocedades (o "antes Mocedades") en diversos países de Iberoamérica. Editaron los discos Mocedades (1969), Mocedades-2 "Más allá" en el año 1970 y Mocedades-3 "Otoño" en 1971, entre otros.

모쎄다데스: 1969년에 결성된 스페인 그룹이다. 그룹 엘 꼰소르씨오와 혼동해서는 안 되는데, 후자는 전자의 전 멤버로 구성되어 이베로아메리카의 여러 국가 내에서는 모쎄다데스(혹은 ≪예전의 모쎄다데스≫)와 같이 동일시하는 오류를 범한다. 개중에 Mocedades (1969), Mocedades-2 (저승에서)와 같은 음반들이 1970년에 발매되었으며 1971년에는 Mocedades-3 (가을)이 나왔다.

06 Eres tú

Mocedades

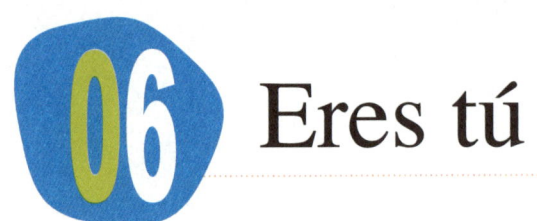

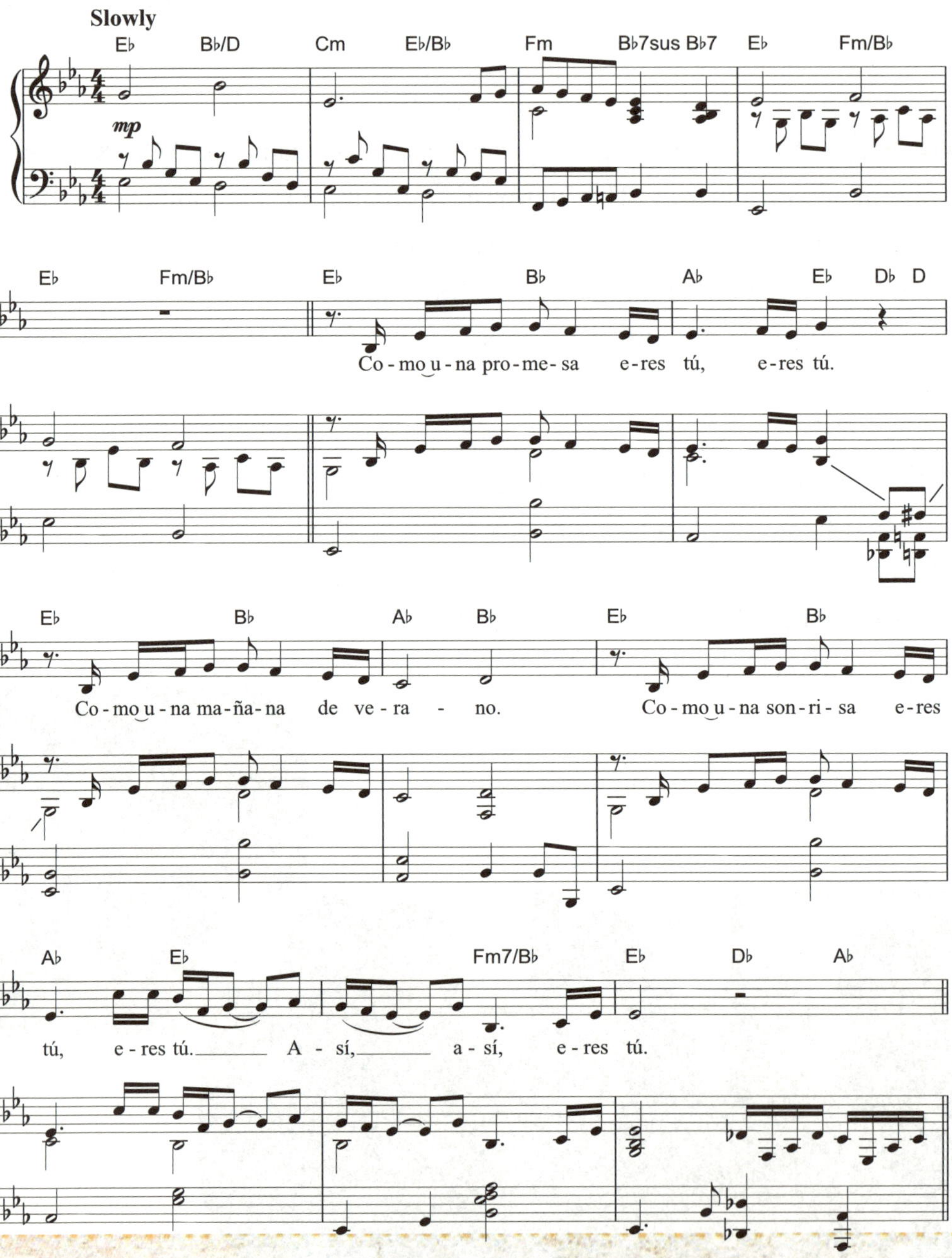
Slowly
E♭ B♭/D Cm E♭/B♭ Fm B♭7sus B♭7 E♭ Fm/B♭
mp
E♭ Fm/B♭ E♭ B♭ A♭ E♭ D♭ D
Co-mo u-na pro-me-sa e-res tú, e-res tú.
E♭ B♭ A♭ B♭ E♭ B♭
Co-mo u-na ma-ña-na de ve-ra - no. Co-mo u-na son-ri-sa e-res
A♭ E♭ Fm7/B♭ E♭ D♭ A♭
tú, e-res tú. A - sí, a - sí, e-res tú.

51

Eres tú

Mocedades

Como una promesa eres tú, eres tú.
Como una mañana de verano,
como una sonrisa eres tú, eres tú.
Así, así, eres tú.

Toda mi esperanza eres tú, eres tú.
Como lluvia fresca en mis manos,
como fuerte brisa eres tú, eres tú.
Así, así, eres tú.

Eres tú como el agua de mi fuente.
Eres tú el fuego de mi hogar.
Eres tú como el fuego de mi hoguera.
Eres tú el trigo de mi pan.

Como mi poema eres tú, eres tú.
Como una guitarra en la noche,
todo mi horizonte eres tú, eres tú.
Así, así, eres tú.

Eres tú como el agua de mi fuente.
Eres tú el fuego de mi hogar.
Eres tú como el fuego de mi hoguera.
Eres tú el trigo de mi pan.
Eres tú...

그대는 그런 사람입니다

Mocedades

그대는, 정말 그대는 약속 같은 사람입니다
여름의 아침 같은 사람,
그대는 미소 같은 사람입니다
그런 사람이 바로 당신입니다

그대는 나의 모든 희망입니다
내 두 손에 고인 신선한 빗물 같은 사람,
그대는, 그대는 강한 미풍 같은 사람입니다
그런 사람이 바로 당신입니다

그대는 내 샘에서 솟아나는 샘물 같은 사람입니다
그대는 내 가정의 불꽃입니다
그대는 내 모닥불에서 타오르는 불꽃입니다
그대는 내 빵을 만드는 밀과 같은 사람입니다

그대는 나의 시와 같은 사람입니다
밤에 울리는 기타 소리와 같은 사람,
그대는 내 맘의 지평선과 같은 사람입니다
그런 사람이 바로 당신입니다

그대는 내 샘에서 솟아나는 샘물 같은 사람입니다
그대는 내 가정의 불꽃입니다
그대는 내 모닥불에서 타오르는 불꽃입니다
그대는 내 빵에 쓰인 밀과 같은 사람입니다
그대는...

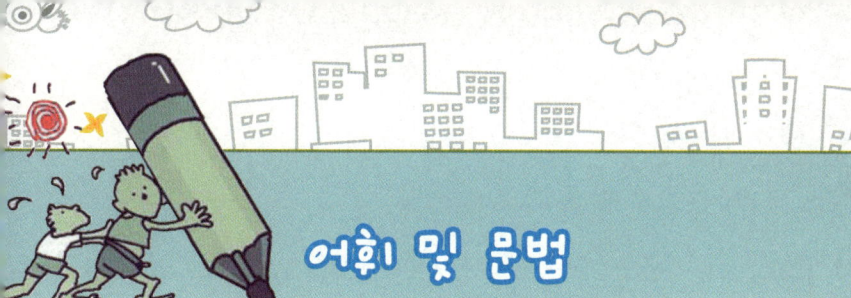

어휘 및 문법

- eres: ser (~이다)의 직설법 현재 2인칭 단수
  (직설법 현재형: soy, eres, es, somos, sois, son)
- como: ~와 같은, ~처럼
- la promesa: 약속
- la mañana: 아침
  관사 없이 시간부사로 사용되었을 경우 '내일'의 의미를 가지며, "¡Hasta mañana!"의 경우 '내일 봐!'로 해석
- el verano: 여름(봄: primavera, 여름: verano, 가을: otoño, 겨울: invierno)
- la sonrisa: 미소
- así: 그런, 그렇게
- la esperanza: 희망
- la lluvia: 비
- fresco/a: 신선한
- fuerte: 강한
- la brisa: 미풍
- el agua: 물
- la fuente: 샘, 분수
- el fuego: 불, 불꽃
- el hogar: 가정, 아궁이
- la hoguera: 모닥불
- el trigo: 밀, 밀가루
- el pan: 빵
- el poema: 시
- la guitarra: 기타
- el horizonte: 지평선

Christina Aguilera
크리스티나 아길레라

Christina Aguilera: es una cantante, compositora, productora y actriz estadounidense de origen ecuatoriano e irlandés, nacida en Staten Island (Nueva York, USA) el 18 de diciembre de 1980. Aguilera apareció por primera vez en la televisión estadounidense en 1989 como concursante en el programa Star Search, y poco después pasó a actuar en la serie de Disney Channel, Mickey Mouse Club, en el período 1993~1994. Es ampliamente conocida por su capacidad vocal, imagen y videos musicales, en los que incluye temas de carácter social. Aguilera ha ganado numerosos premios por su trabajo, entre ellos cuatro premios Grammy y un premio Grammy Latino, con quince nominaciones y tres nominaciones, respectivamente.

크리스티나 아길레라: 스테이튼 아일랜드(뉴욕, 미국)에서 1980년 12월 18일에 태어난 에콰도르와 아일랜드 계 미국인인 가수, 작곡가, 프로듀서이자 배우이다. 아길레라는 1989년에 Star Search라는 프로그램에 참가자로 처음 등장했고 얼마 뒤 디즈니 채널에서 1993-4년에 방영된 Mickey Mouse Club에 출연하였다. 그녀의 가창력과 뮤직비디오, 사회적 이슈를 담은 뮤직 비디오와 이미지를 통해 널리 알려졌다. 아길레라는 그녀의 활동으로 다양한 상을 받았는데 그 가운데는 각각 15번과 3번 후보로 지명된 그래미 상과 라틴 그래미 상이 있다.

Pero me acuerdo de ti

Christina Aguilera

Pero me acuerdo de ti

Christina Aguilera

Ahora que ya mi vida
se encuentra normal,
que tengo en casa
quien sueña con verme llegar,
¡*oouuaaaaaaaaaaaaaaaah*!,
ahora puedo decir
que me encuentro de pie.
Ahora que me va muy bien.

Ahora que con el tiempo logré superar
aquel amor que por poco
me llega a matar.
No, ahora ya no hay más dolor.
Ahora, al fin, vuelvo a ser yo.

Pero me acuerdo de ti
y otra vez pierdo la calma.
Pero me acuerdo de ti
y se me desgarra el alma.
Pero me acuerdo de ti
y se borra mi sonrisa.
Pero me acuerdo de ti
y mi mundo se hace trizas.

Ahora que mi futuro comienza a brillar.
Ahora que me han devuelto la seguridad.

Ahora ya no hay más dolor.
Ahora, al fin, vuelvo a ser yo.

Pero me acuerdo de ti
y otra vez pierdo la calma.
Pero me acuerdo de ti
y se me desgarra el alma.
Pero me acuerdo de ti
y se borra mi sonrisa.
Pero me acuerdo de ti
y mi mundo se hace trizas.

Pero me acuerdo de ti.
¡Oh, no, no!
Pero me acuerdo de ti
y se me desgarra el alma.
Pero me acuerdo de ti...
Mi sonrisa...
Pero me acuerdo de ti...
Mi mundo trizas...
Pero me acuerdo de ti...
¡*Oouuaaaaaaaaaaaaaaaah*!
Pero me acuerdo de ti.

¡Oh! Pero me... pero me...
pero me... pero me...
pero me acuerdo de ti.
Pero me acuerdo de ti.
¡Oh, woaaaaaah!
Pero me acuerdo de ti...

하지만 네가 기억나

Christina Aguilera

이제 나의 삶은 일상으로 돌아왔어.
내가 돌아오는 모습을 보기를 꿈꾸는 사람이 집에 있는 일상으로
우와와와와와와와와와와와와와와와!
이제서야 일어섰다고 말할 수 있어
이제 아주 잘 되어 간다고 말할 수 있어.

이제는 시간이 지나면서 극복하는 법을 배웠지
나를 하마터면 죽일 뻔한 그 사랑을.
아니, 이제 더 이상 아픔은 없어
이제 마침내 내 모습으로 돌아온 거야.

하지만 네가 기억나.
그리고 다시 난 평온을 잃어.
하지만 네가 기억나.
그리고 내 마음은 산산조각이 나.
하지만 네가 기억나.
그리고 내 미소가 지워져.
하지만 네가 기억나.
그리고 나의 세상도 깨져.

내 미래가 빛나기 시작한 지금.
모든 것이 안전해진 지금.
이제 더 이상 아픔은 없어.
이제 마침내 내 모습으로 돌아온 거야.

하지만 네가 기억나.
그리고 다시 난 평온을 잃어.
하지만 네가 기억나.
그리고 내 마음은 산산조각이 나.
하지만 네가 기억나.
그리고 내 미소가 지워져.
하지만 네가 기억나.
그리고 나의 세상도 깨져.

하지만 네가 기억나.
아, 안 돼, 안 돼!
하지만 네가 기억나.
그리고 내 마음은 산산조각이 나.
하지만 네가 기억나...
내 미소...
하지만 네가 기억나...
깨어진 나의 세상...
하지만 네가 기억나...
우와와와와와와와와와와와와와와와!
하지만 네가 기억나.

아! 하지만... 하지만...
하지만... 하지만...
하지만 네가 기억나.
하지만 네가 기억나.
아, 우와와와와와와!
하지만 네가 기억나...

어휘 및 문법

- se encuentra: encontrarse (~한 상태에 있다)의 직설법 현재 3인칭 단수
  (직설법 현재형: me encuentro, te encuentras, se encuentra, nos encontramos, os encontráis, se encuentran)
  예: 어떻게 지내니?: ¿Cómo te encuentras?
- normal: 정상적인, 보통의
- sueña: soñar (꿈꾸다)의 직설법 현재 3인칭 단수
  (직설법 현재형: sueño, sueñas, sueña, soñamos, soñáis, sueñan)
  보통 soñar con을 써서 '꿈꾸다' 의 의미
- llegar: 도착하다, 돌아오다
  llegar a + 동사원형: ~하기에 이르다
- de pie: 서 있는
- va muy bien: ir bien (어울리다, 적당하다)의 직설법 현재 3인칭 단수
  me는 '나에게' 의 의미로, me va muy bien은 '(일이) 나에게 잘 맞다, 잘 되어간다' 의 의미
- logré: lograr (달성하다, 성취하다)의 직설법 부정과거 1인칭 단수
  (직설법 부정과거형: logré, lograste, logró, logramos, lograsteis, lograron)
  lograr + 동사원형: ~하기에 이르다
  Logré subir hasta la cima. 나는 정상까지 오르게 되었다.
- superar: 극복하다
  (직설법 현재형: supero, superas, supera, superamos, superáis, superan)
- por poco: 하마터면
- matar: 죽이다
  (직설법 현재형: mato, matas, mata, matamos, matáis, matan)
- el dolor: 아픔, 고통
- al fin: 결국
- vuelvo: volver (돌아오다)의 직설법 현재 1인칭 단수
  (직설법 현재형: vuelvo, vuelves, vuelve, volvemos, volvéis, vuelven)

volver a + 동사원형: 다시 ~하다
- me acuerdo de: acordarse de (생각해 내다, 기억하다)의 직설법 현재 1인칭 단수
 (직설법 현재형: me acuerdo, te acuerdas, se acuerda, nos acordamos,
 os acordáis, se acuerdan)
- otra vez: 다시
- la calma: 평온, 정적
- se me desgarra: desgarrarse (찢어지다, 이별하다)의 직설법 현재 3인칭 단수
- se borra: borrarse (지워지다)의 직설법 현재 3인칭 단수
 (직설법 현재형: borro, borras, borra, borramos, borráis, borran)
- hace trizas: hacer trizas (찢다, 조각내다)의 직설법 현재 3인칭 단수
 = hacer pedazos, romper, destruir
- comienza: comenzar (시작하다)의 직설법 현재 3인칭 단수
 (직설법 현재형: comienzo, comienzas, comienza, comenzamos,
 comenzáis, comienzan)
 comenzar a + 동사원형: ~하기 시작하다
- brillar: 빛나다
 (직설법 현재형: brillo, brillas, brilla, brillamos, brilláis, brillan)
- devuelto: devolver (돌려주다)의 과거분사형
 (유사 예시: volver의 과거분사 vuelto)
- la seguridad: 안전, 확실함

08 Ven conmigo, baby (Solamente tú)

Christina Aguilera

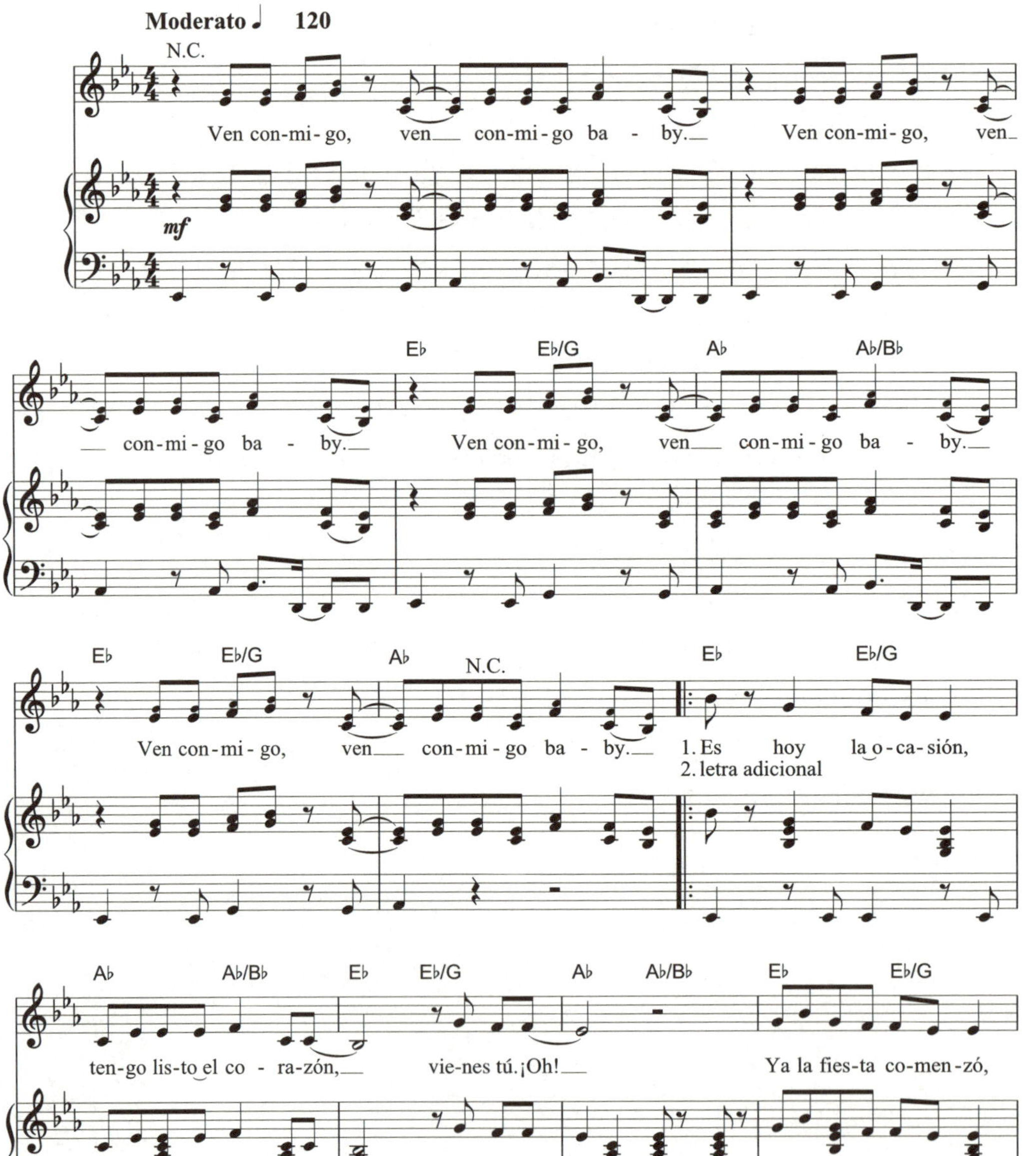

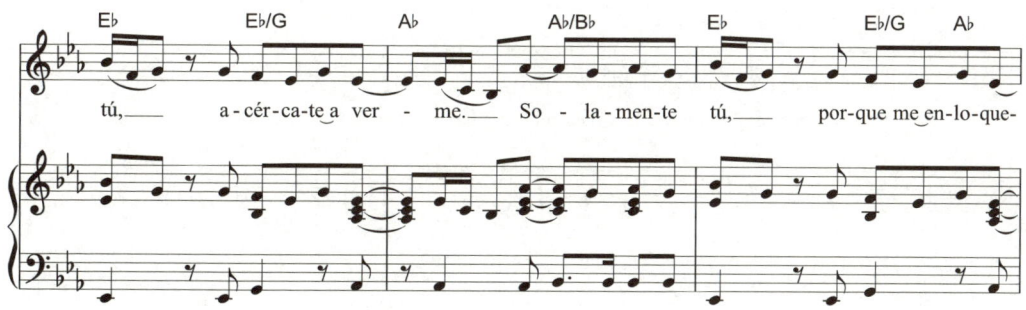

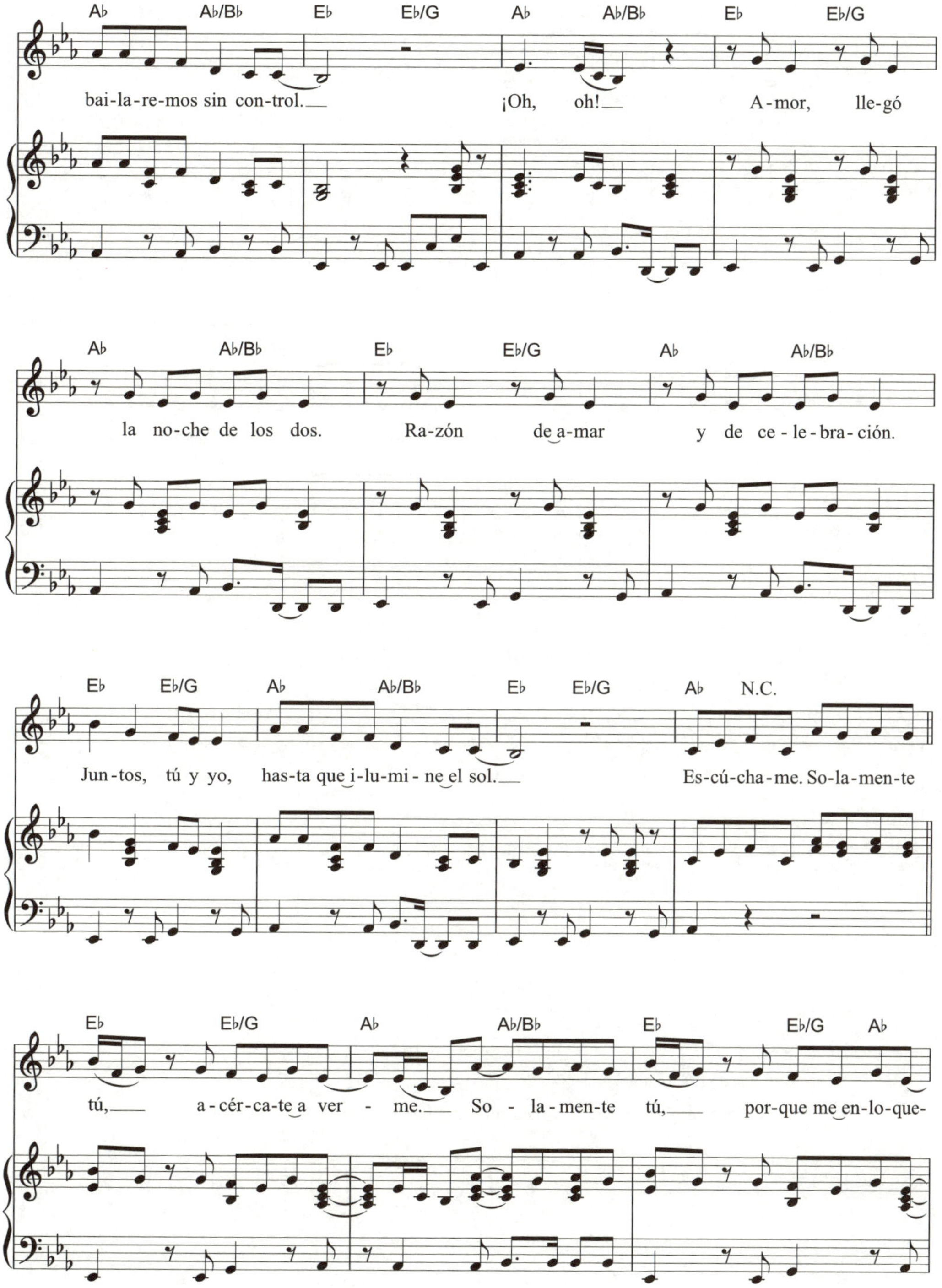
Ab Ab/Bb Eb Eb/G Ab Ab/Bb Eb Eb/G
bai-la-re-mos sin con-trol.__ ¡Oh, oh!__ A-mor, lle-gó
Ab Ab/Bb Eb Eb/G Ab Ab/Bb
la no-che de los dos. Ra-zón de a-mar y de ce-le-bra-ción.
Eb Eb/G Ab Ab/Bb Eb Eb/G Ab N.C.
Jun-tos, tú y yo, has-ta que i-lu-mi-ne el sol.__ Es-cú-cha-me. So-la-men-te
Eb Eb/G Ab Ab/Bb Eb Eb/G Ab
tú,__ a-cér-ca-te a ver - me.__ So - la-men-te tú,__ por-que me en-lo-que-

Verso 2:
Mi gran ilusión es quedarme junto a ti.
Solo tú tienes mi corazón.
Desde el día en que te vi
estoy, amor, temblando de emoción.
Pasión, calor, no me sentí nunca mejor.
Ven hoy, por favor.
El destino ya nos unió.
Escúchame.
(Al Coro:)

Ven conmigo, baby (Solamente tú)

Christina Aguilera

Ven conmigo, ven conmigo, baby.
Ven conmigo, ven conmigo, baby.
¡Oh, yeah!
Ven conmigo, ven conmigo, baby.
(¡Yeah, yeah, yeah, yeah!)
Ven conmigo, ven conmigo, baby.

Es hoy la ocasión.
Tengo listo el corazón.
Vienes tú. ¡Oh!
Ya la fiesta comenzó.
Bailaremos sin control. ¡Oh, oh!

Amor, llegó la noche de los dos.
Razón de amar y de celebración.
Juntos, tú y yo,
hasta que ilumine el sol.
¡Escúchame!

* *Solamente tú, acércate a verme.*
Solamente tú porque me enloqueces.
Solamente tú. No me hagas esperar.

Contigo quiero estar. Ser tuya nada más.
Solamente tú.

Ven conmigo, ven conmigo, baby. (¡Oh!)
Ven conmigo, ven conmigo, baby.

Mi gran ilusión es quedarme junto a ti.
Solo tú, solo tú,
tienes mi corazón
desde el día en que te vi. ¡Oh, oh!

Estoy, amor, temblando de emoción.
Pasión, calor, no me sentí nunca mejor.
Ven hoy, por favor.
El destino ya nos unió.
¡Escúchame!

* *(Repetir una vez)*.
Ven conmigo, ven conmigo, baby.
Ven conmigo, ven conmigo, baby.
Ven conmigo, ven conmigo, baby.
Ven conmigo, ven conmigo, baby.

Ven conmigo, ven conmigo, baby.
Ven conmigo, ven conmigo, baby.
No me hagas esperar.
Contigo quiero estar.

Siempre te voy a amar. ¡Ah, ah!

Solamente tú, amor.
Solamente tú. ¡Oh!
Tu amor me enloquece.
Solamente tú. ¡Oh!
No me hagas esperar.
Contigo quiero estar.
Soy tuya nada más.
Solamente tú.
Solamente tú. ¡Oh, yeah!
Solamente tú. ¡Oh!
Solamente tú.
No me hagas esperar.
Contigo quiero estar.
Soy tuya nada más.
Solamente tú.

나에게 와 (오직 너만)

Christina Aguilera

나에게 와, 나에게 와, 베이비
나에게 와, 나에게 와, 베이비
오 예!
나에게 와, 나에게 와, 베이비
(예, 예, 예, 예)
나에게 와, 나에게 와, 베이비

오늘이 기회야.
내 마음은 준비가 됐어.
올거니? 오!
이제 벌써 파티는 시작됐어.
우리 정신 없이 춤출 거야. 오, 오!

내 사랑아, 우리 둘의 밤이 왔어.
사랑과 축하를 하기 위해.
너와 나 함께
해가 뜰 때까지
내 말 좀 들어봐

오직 너만이, 나에게 다가와 줘
오직 너만이, 날 미치게 만들기 때문이지
오직 너만이. 날 기다리게 만들지마
너와 함께 있고 싶어. 네 것이고 싶을 뿐이야.
오직 너만이

나에게 와, 나에게 와, 베이비 (오!)
나에게 와, 나에게 와, 베이비

내 큰 꿈은 네 곁에 있는 거야.
오직 너만, 오직 너만
내 마음을 가지고 있어
너를 본 날 부터. 오, 오!

내 사랑아, 난 감동으로 떨고 있어.
이 열정, 이 열기 보다 더 좋았던 적은 없었어
오늘 와 줘, 부탁이야.
운명은 이미 우릴 하나로 만들었어.
내 말 좀 들어봐

(한 번 반복)
나에게 와, 나에게 와, 베이비
나에게 와, 나에게 와, 베이비
나에게 와, 나에게 와, 베이비
나에게 와, 나에게 와, 베이비

나에게 와, 나에게 와, 베이비
나에게 와, 나에게 와, 베이비
나를 기다리게 하지마
너와 함께 있고 싶어.
항상 너를 사랑할게. 아, 아!

오직 너만이 내 사랑.
오직 너만이, 오!

날 미치게 하기 때문이야.
오직 너만이, 오!
날 기다리게 만들지마.
너와 함께 있고 싶어.
네 것이고 싶을 뿐이야.
오직 너만이. 오직 너만이. 오, 예!
오직 너만이. 오!
오직 너만이.
날 기다리게 만들지마.
너와 함께 있고 싶어.
나는 오로지 너의 것이야.
오직 너만이.

어휘 및 문법

- ven: venir (오다)의 2인칭 단수 명령형
  (직설법 현재형: vengo, vienes, viene, venimos, venís, vienen)
- conmigo: 나와 함께
  너와 함께: contigo, 그와 함께: con él, 우리와 함께: con nosotros
- la ocasión: 기회
- listo/a: 준비된 (주로 estar 동사와 함께 쓰임)
- el corazón: 마음, 심장
- vienes: venir (오다)의 직설법 현재 2인칭 단수
- bailaremos: bailar (춤추다)의 직설법 미래 1인칭 복수
  (직설법 미래형: bailaré, bailarás, bailará, bailaremos, bailaréis, bailarán)
- llegó: llegar (도착하다)의 직설법 부정과거 3인칭 단수
  (직설법 부정과거형: llegué, llegaste, llegó, llegamos, llegasteis, llegaron)
- la razón: 이유, 이성
- juntos: 함께, 더불어
- hasta que: ~할 때까지 (접속법 사용)
- ilumine: iluminar (비추다, 밝게 하다)의 접속법 현재 1, 3인칭 단수
  (접속법 현재형: ilumine, ilumines, ilumine, iluminemos, iluminéis, iluminen)
- escúchame: escuchar (듣다)의 2인칭 단수 명령형
  me는 '나에게'로 '내 얘기를 들어줘'라는 의미
- solamente: 오직, 단지
- acércate: acercar (가까워지다, 접근하다)의 2인칭 단수 명령형
- enloqueces: enloquecer (미치게 하다)의 직설법 현재 2인칭 단수
  (직설법 현재형: enloquezco, enloqueces, enloquece, enloquecemos, enloquecéis, enloquecen)
- hagas: hacer (하다)의 접속법 현재 2인칭 단수
  (접속법 현재형: haga, hagas, haga, hagamos, hagáis, hagan)

- quedar: 남다, 머물다 (quedarme는 '내가 남다'의 의미)
- temblando: temblar (떨다, 흔들리다)의 현재분사형
  (직설법 현재형: tiemblo, tiemblas, tiembla, temblamos, tembláis, tiemblan)
- me sentí: sentirse (느끼다)의 직설법 부정과거 1인칭 단수
  (직설법 부정과거형: me sentí, te sentiste, se sintió, nos sentimos,
  os sentisteis, se sintieron)
- nunca: 절대로, 결코 (아니다)
- mejor: 더 좋은
- el destino: 운명
- unió: unir (하나로 만들다, 결합시키다)의 직설법 부정과거 3인칭 단수
  (직설법 부정과거형: uní, uniste, unió, unimos, unisteis, unieron)

09

Si no te hubiera conocido

Christina Aguilera

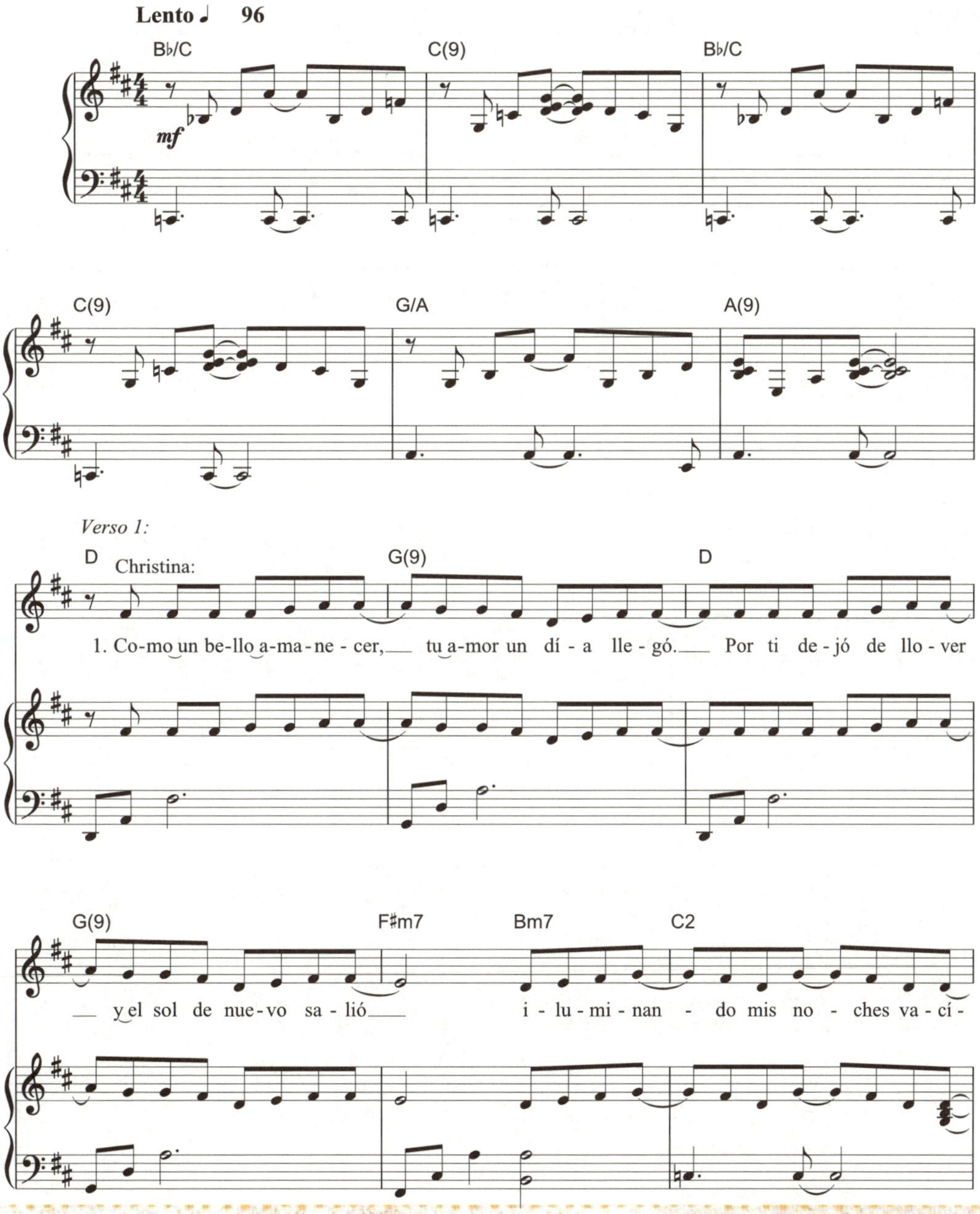

Lento ♩ 96
B♭/C
C(9)
B♭/C
mf
C(9)
G/A
A(9)
Verso 1:
D
Christina:
G(9)
D
1. Co-mo un be-llo a-ma-ne - cer, tu a-mor un dí - a lle - gó. Por ti de - jó de llo - ver
G(9)
F♯m7
Bm7
C2
y el sol de nue-vo sa - lió i - lu - mi - nan - do mis no - ches va - cí -

Si no te hubiera conocido

Christina Aguilera

Como un bello amanecer, tu amor un día llegó.
Por ti dejó de llover y el sol de nuevo salió
iluminando mis noches vacías.

Desde que te conocí, todo en mi vida cambió.
Supe al mirarte que, al fin, se alejaría el dolor,
que para siempre seríamos dos.

Enamorados, siempre de manos, eternamente...
Si no te hubiera conocido no sé
qué hubiera sido de mí, mi amor.
Sin tu mirada enamorada no sé si yo podría vivir.

Sin el latido de tu corazón
el mundo es más frío.
Nada tendría sentido
si nunca te hubiera conocido.

Toda mi vida soñé con tu llegada, mi amor.
Así yo te imaginé, tan bella como una flor.
Supe que siempre seríamos dos.

Enamorados, siempre de manos, eternamente...
Si no te hubiera conocido no sé
qué hubiera sido de mí, mi amor.
Sin tu mirada enamorada no sé si yo podría vivir.

Sin el latido de tu corazón
el mundo es más frío.
Nada tendría sentido
si nunca te hubiera conocido.

¡Qué hubiera sido de mí...!
Nada tiene sentido
si no es contigo.

No sé
qué hubiera sido de mí.
No, no, sin tu mirada enamorada no sé
si yo podría vivir.

Sin el latido de tu corazón,
sin ti, el mundo es más frío.

Nada tendría sentido
si nunca te hubiera conocido.

Nada tendría sentido
si nunca te hubiera conocido.

당신을 알지 못했더라면

Christina Aguilera

아름다운 어느 새벽녘처럼, 당신의 사랑이 어느 날 다가왔어요
당신 덕분에 비가 그쳤고, 태양이 다시 고개를 내밀었죠.
나의 공허한 밤을 밝게 비추면서 말이에요.

당신을 알게 된 후로, 내 인생 전부가 바뀌었어요
당신을 보는 순간 알았죠, 마침내 고통이 사라질 거라는 것을
우리 둘은 영원히 함께 할 것이란 것도요.

사랑에 빠진 우리, 늘 손을 맞잡고, 영원토록...
당신을 알지 못했더라면,
내 운명이 어떻게 되었을지 모르겠어요, 내 사랑아.
사랑에 빠진 그대의 시선 없이 내가 살아갈 수 있을지 모르겠어요.

당신의 심장 박동 없이는
세상은 훨씬 더 춥죠.
아무 것도 의미가 없을 거예요
당신을 알지 못했더라면

평생동안 당신이 오기를 꿈꿨어요, 내 사랑아.
이렇게 난 당신을 상상했어요, 꽃처럼 아름다운 당신을요.
우리 둘이 늘 함께 할 거란 걸 알았죠.

사랑에 빠진 우리, 늘 손을 맞잡고, 영원토록…
당신을 알지 못했더라면,
내가 어떻게 되었을지 모르겠어요, 내 사랑아.
사랑에 빠진 그대의 시선 없이 내가 살아갈 수 있을지 모르겠어요.

당신의 심장 박동 없이는
세상은 훨씬 더 춥죠.
아무 것도 의미가 없을 거예요
당신을 알지 못했더라면

내가 어떻게 되었을까요
아무 것도 의미가 없어요
당신과 함께 하지 않는다면

내가 어떻게 되었을지
모르겠어요
아니요, 아니요, 사랑에 빠진 그대의 시선 없이
내가 살아갈 수 있을지 모르겠어요.

당신의 심장 박동이 없으면,
당신이 없으면, 세상은 더 춥기만 하죠.

당신을 알지 못했더라면
아무 것도 의미가 없을 거예요

당신을 알지 못했더라면
아무 것도 의미가 없을 거예요

어휘 및 문법

- el amanecer: 새벽, 여명
- dejó: dejar (놓다, 남기다)의 직설법 부정과거 3인칭 단수
  (직설법 부정과거형: dejé, dejaste, dejó, dejamos, dejasteis, dejaron)
  dejar de + 동사원형: 멈추다, 그만두다
- llover: 비가 오다 (llueve - 직설법 현재 3인칭 단수)
- de nuevo: 다시, 새로
- salió: salir (나오다, 나가다)의 직설법 부정과거 3인칭 단수
  (직설법 부정과거형: salí, saliste, salió, salimos, salisteis, salieron)
- iluminando: iluminar (비추다, 밝게 하다)의 현재분사형
  (직설법 현재형: ilumino, iluminas, ilumina, iluminamos, ilumináis, iluminan)
- vacías: vacío/a 텅 빈, 공허한
- desde que: ~한 이후
- conocí: conocer (알다)의 직설법 부정과거 1인칭 단수
  (직설법 부정과거형: conocí, conociste, conoció, conocimos, conocisteis, conocieron)
- cambió: cambiar (바꾸다)의 직설법 부정과거 3인칭 단수
  (직설법 부정과거형: cambié, cambiaste, cambió, cambiamos, cambiasteis, cambiaron)
- supe: saber (알다)의 직설법 부정과거 1인칭 단수
  (직설법 부정과거형: supe, supiste, supo, supimos, supisteis, supieron)
- alejaría: alejar (멀리하다)의 가능법 1, 3인칭 단수
  (가능법: alejaría, alejarías, alejaría, alejaríamos, alejaríais, alejarían)
- para siempre: 영원히
- seríamos: ser (~이다)의 가능법 1인칭 복수
  (가능법: sería, serías, sería, seríamos, seríais, serían)
- enamorados: 연인, 사랑하는 사람 (enamorado/a)

- si no te hubiera conocido: 만약 당신을 알지 못했더라면
  si hubiera + 과거분사: ~하였더라면, 였더라면 (과거의 사실에 반대되는 일 표현)
- sé: saber (알다)의 직설법 현재 1인칭 단수
  (직설법 현재형: sé, sabes, sabe, sabemos, sabéis, saben)
- la mirada: 시선
- podría: poder (~할 수 있다)의 가능법 1, 3인칭 단수
  (가능법: podría, podrías, podría, podríamos, podríais, podrían)
- el latido: 심장 박동, 맥박
- frío/a: [형용사] 추운, [남성 명사] 추위
- imaginé: imaginar (상상하다)의 직설법 부정과거 1인칭 단수
  (직설법 부정과거형: imaginé, imaginaste, imaginó, imaginamos, imaginasteis, imaginaron)

10 Mi reflejo

Christina Aguilera

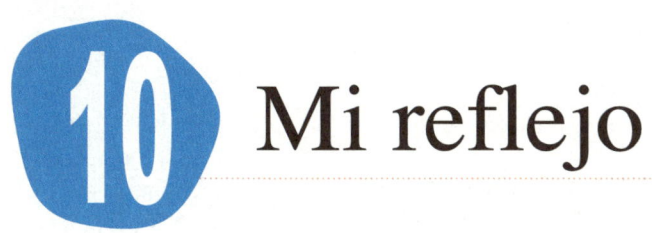

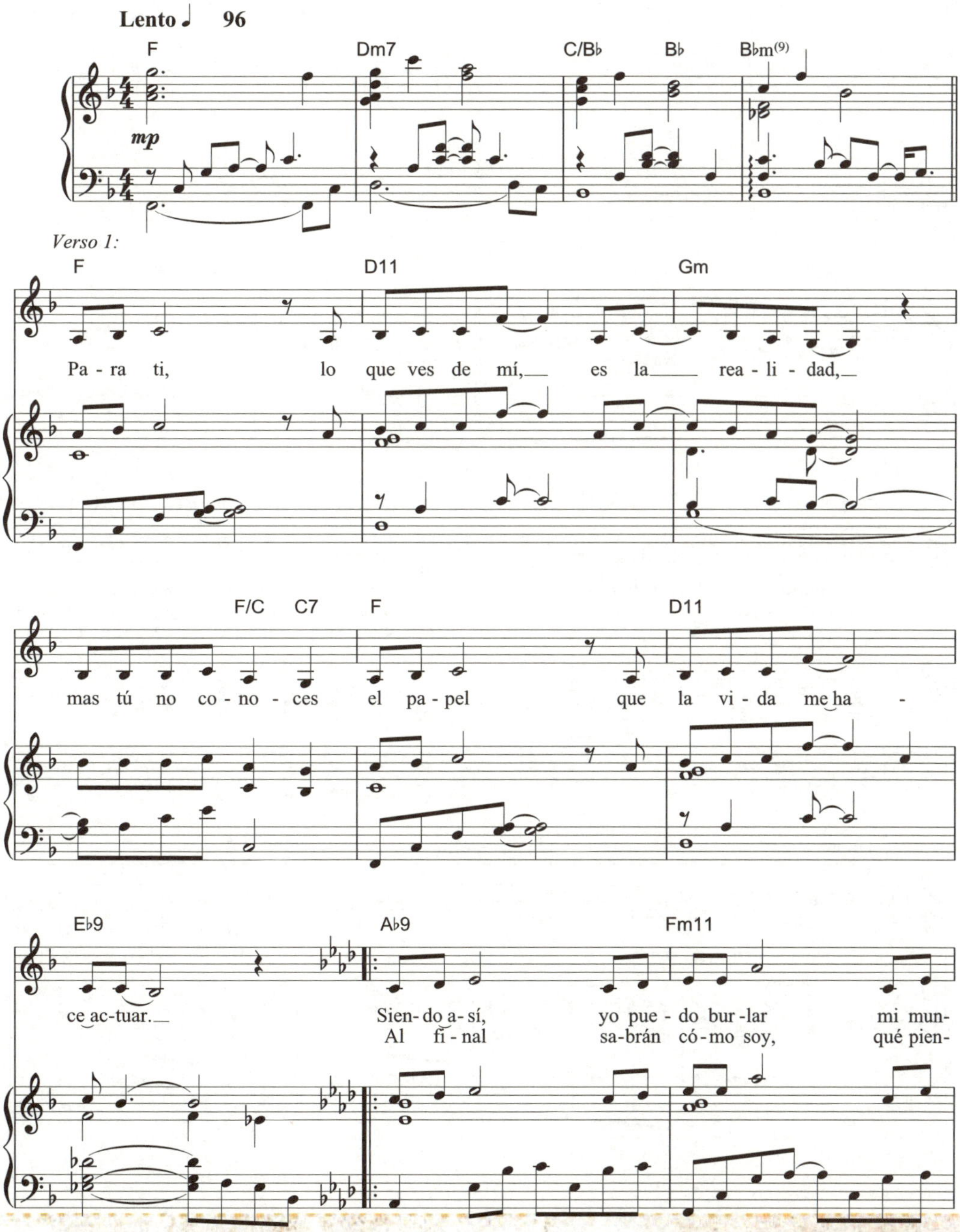
Lento ♩ 96
F
Dm7
C/B♭
B♭
B♭m(9)
mp
Verso 1:
F
D11
Gm
Pa - ra ti, lo que ves de mí, es la rea - li - dad,
F/C
C7
F
D11
mas tú no co - no - ces el pa - pel que la vi - da me ha -
E♭9
A♭9
Fm11
ce actuar. Sien- do a - sí, yo pue - do bur - lar mi mun-
Al fi - nal sa - brán có - mo soy, qué pien-

Mi reflejo

Christina Aguilera

Para ti, lo que ves de mí
es la realidad.

Mas tú no conoces
el papel que la vida
me hace actuar.

Siendo así
yo puedo burlar
mi mundo exterior,
pero al corazón jamás.

Hoy no reconocí
a quien vi frente a mí.

Mi reflejo no mostró
quién soy en verdad.

Un día más
que mi corazón tengo que ocultar,
todo mi sentir.

Al final,
sabrán cómo soy,
qué pienso en verdad.
Ese día llegará. ¡Oh, oh!

Hoy no reconocí
a quien vi frente a mí.

Esa en mi reflejo,
sé que no soy yo.

No quiero aparentar,
quiero ser realidad.

Mi reflejo no mostró
quién soy en verdad.

Y mi corazón sentir volar...
No soy como quiero, no.
Y voy a cambiar.

No debe ser así,
el fingir no es vivir.
La que veo frente a mí
no aguanta más.

Ya no voy a ocultar
la que soy
nunca más.

Un buen día el amor
me rescatará.

Y ese día
quien yo soy se reflejará.
¡Ooooooooooooh!

나의 모습

Christina Aguilera

너에게는
네가 보는 내 모습이
현실이야

그러나 너는 모를 거야
삶이 나에게
어떤 역할을 하게 하는지

그렇다면
난 외부의 세상을
조롱할 수 있어
하지만 내 마음은 절대로 안 돼

오늘 알아보지 못했어
내 앞에서 본 그 사람을

반사된 내 모습은
내가 실제로 누구인지 보여주지 않았어.

하루 더
나의 심장을 숨겨야 해
모든 나의 감정을.

언젠가는
내가 어떤 사람인지
실제로 어떤 생각을 하는지
사람들이 알게 되는 날이 올 거야. 오, 오!

오늘 알아보지 못했어
내 앞에서 본 그 사람을

반사된 내 모습이
실제 나의 모습이 아니란 걸 알아

거짓된 모습으로 꾸미고 싶지 않아
난 진실되고 싶어.

반사된 내 모습은
내가 실제로 누구인지 보여주지 않았어.

내 심장은 날고 있다고 느끼고 있어
나는 내가 원하던 사람이 아닌걸
그래서 난 변할 거야.

이래서는 안 돼
가짜 인생은 진정한 삶이 아니야
내 앞에 비춰지는 모습은
더 이상 견딜 수 없어

난 더 이상 숨기지 않을 거야
내가 누구인지
절대로

어느 좋은 날, 사랑은
날 구원해 줄 거야.

그날엔,
나의 진실된 모습이 비춰질 거야
오오오오오오오오!

어휘 및 문법

- para ti: 너에게는, 너를 위해
  나에게는: para mí, 그에게는: para él, 우리에게는: para nosotros
- ves: ver (보다)의 직설법 현재 2인칭 단수
  (직설법 현재형: veo, ves, ve, vemos, veis, ven)
- la realidad: 현실
- mas: 그러나, 하지만
- más: 더, ~이상
- el papel: 역할, 종이
- actuar: 연기하다 (직설법 현재형: actúo, actúas, actúa, actuamos, actuáis, actúan)
- siendo: ser (~이다)의 현재분사형(직설법 현재형: soy, eres, es, somos, sois, son)
- burlar: 비웃다, 조롱하다
  (직설법 현재형: burlo, burlas, burla, burlamos, burláis, burlan)
- exterior: 외면, 외부 ↔ interior 내면, 내부
- jamás: 절대로, 결코 ~이 아니다
- reconocí: reconocer (알아보다)의 직설법 부정과거 1인칭 단수
  (직설법 부정과거형: reconocí, reconociste, reconoció, reconocimos, reconocisteis, reconocieron)
- frente a: ~의 앞에, 정면에
- mostró: mostrar (보여주다)의 직설법 부정과거 3인칭 단수
  (직설법 부정과거형: mostré, mostraste, mostró, mostramos, mostrasteis, mostraron)
- ocultar: 숨기다
  (직설법 현재형: oculto, ocultas, oculta, ocultamos, ocultáis, ocultan)
- sabrán: saber (알다)의 직설법 미래 3인칭 복수
  (직설법 미래형: sabré, sabrás, sabrá, sabremos, sabréis, sabrán)
- en verdad: 실제로, 사실은
- aparentar: 꾸며내다
  (직설법 현재형: aparento, aparentas, aparenta, aparentamos, aparentáis, aparentan)
- volar: 날다 (직설법 현재형: vuelo, vuelas, vuela, volamos, voláis, vuelan)
- el fingir: 만들어 냄, ~인척 함
- rescatará: rescatar (구원하다, 되찾다)의 직설법 미래 3인칭 단수
  (직설법 미래형: rescataré, rescatarás, rescatará, rescataremos, rescataréis, rescatarán)

Falsas esperanzas

Christina Aguilera

Falsas esperanzas

Christina Aguilera

¡Oh, oh, oh!
¡No te creo, no!

No me digas todo lo que piensas.
¡No lo digas, no!
Solo dime cuánto me deseas.
¡Ay, de corazón!
Que de amor tú no conoces nada
y ese es mi dolor. (¡*Oh, oh, oh!*)
¡Ojalá estuviera equivocada,
pero sé que no!

Por eso, nene,
no me des falsas esperanzas.
¡No me engañes, no! (¡*Oh...!*)
No me digas cuánto es que me amas.
¡No te creo, no! (¡*Uh, uh!*)
Yo no quiero ser otra en tu lista
o en tu colección. (¡*Uh, oh, oh!*)
Yo no soy muñeca que no opina.
Esa no soy yo. (¡*No, no, no!*)
Pero si tú estás hablando en serio,

yo te escucho, amor. (*¡Oh, no, no, no!*)
Y te pongo a prueba por un tiempo,
es mi condición.

Por eso, nene,
no me des (*no me des*) falsas esperanzas.
¡No me engañes, no!
(*¡No me engañes, no!*)
No me digas cuánto es que me amas.
¡No te creo, no! (*¡Uh, uh!*)

Falsas esperanzas.
¡No te creo, amor!
Falsas esperanzas.
No te creo, amor. (*¡Oh...!*)

No me des falsas esperanzas.
¡No me engañes, no!
(*¡No me engañes, no!*)
No me digas cuánto (*no me digas*) es que me amas.
¡No te creo, no!
(*¡No te creo, no! ¡No, no!*)

No me des (*no me des*) falsas esperanzas.
(Falsas esperanzas)
¡No me engañes, no!
(*¡No me engañes, no!*)

No me digas cuánto es que me amas.
(*¡No me digas!*)
¡No te creo, no!
(*¡No te creo, no! ¡No, no!*)

No me des falsas esperanzas.
¡No me engañes, no! (*¡Oh, uh, oh!*)
No me digas cuánto es que me amas.
¡No te creo, no!
(*¡No te creo, no!*)

No me des falsas esperanzas.
(*No me des, no me des…*)

헛된 희망

Christina Aguilera

오, 오, 오!
난 널 믿지 않아, 절대!

네가 생각하는 모든 것을 내게 말하지마.
말하지마, 하지마!
단지 얼마나 나를 원하는 지만 말해줘.
아, 솔직하게!
넌 사랑에 대해서 아무것도 몰라
그래서 그게 나의 고통이야. (오, 오, 오!)
차라리 내가 착각하는 거라면 좋겠어
하지만 그렇지 않다는 걸 알아,

그래서, 베이비
내게 헛된 희망을 주지마.
날 속이지도 마, 하지마! (오...!)
날 얼마나 사랑하는지도 말하지마.
난 널 믿지 않아, 안 믿어! (우, 우!)
난 네 리스트나
수집품 중 또 다른 한 여자가
되고 싶지 않아. (우, 오, 오!)
난 생각 없는 인형이 아니야
난 그렇지 않아. (아니, 아니 아니!)
하지만 네가 진심으로 하는 말이라면,
네 말을 듣겠어, 내 사랑아 (오, 아니, 아니 아니!)

그리고 잠시 동안 널 시험할거야.
그게 내 조건이야.

그래서, 베이비
내게 헛된 희망을 주지마 (주지마).
날 속이지도 마, 하지마!
(날 속이지도 마, 하지마!)
날 얼마나 사랑하는지도 말하지마.
난 널 믿지 않아, 안 믿어! (우, 우!)
헛된 희망.
난 널 믿지 않아, 내 사랑아!
헛된 희망.
난 널 믿지 않아, 내 사랑아! (오!)

내게 헛된 희망을 주지마.
날 속이지도 마, 하지마!
(나를 속이지도 마, 하지마!)
날 얼마나 사랑하는지도 말하지마. (말하지마!)
난 널 믿지 않아, 안 믿어!
(난 널 믿지 않아, 안 믿어! 절대, 절대!)

내게 헛된 희망을 (헛된 희망을) 주지마 (주지마).
날 속이지도 마, 하지마!
(날 속이지도 마, 하지마!)
날 얼마나 사랑하는지도 말하지마. (말하지마!)
난 널 믿지 않아, 안 믿어!
(난 널 믿지 않아, 안 믿어! 절대, 절대!)

내게 헛된 희망을 주지마.
날 속이지도 마, 하지마! (오, 우, 오!)
날 얼마나 사랑하는지도 말하지마.
난 널 믿지 않아, 안 믿어!
(난 널 믿지 않아, 안 믿어!)

내게 헛된 희망을 주지마
(주지마, 주지마...)

어휘 및 문법

- creo: creer (믿다, 생각하다)의 직설법 현재 2인칭 단수
  (직설법 현재형: creo, crees, cree, creemos, creéis, creen)
- digas: decir (말하다)의 접속법 현재 2인칭 단수
  (접속법 현재형: diga, digas, diga, digamos, digáis, digan)
- no me digas: 나에게 말하지 마(명령형)
- todo lo que: ~하는 모든 것
- di: decir (말하다)의 2인칭 명령형
- cuánto: 얼만큼, 얼마나 많이
- deseas: desear (원하다)의 직설법 현재 2인칭 단수
  (직설법 현재형: deseo, deseas, desea, deseamos, deseáis, desean)
- de corazón: [관용어] 진심으로
- ojalá: 부디 ~하기를, ~했으면 좋겠는데
  접속법 과거형이나 접속법 과거 완료형과 함께 쓰임
- estuviera: estar (있다)의 접속법 과거 1, 3인칭 단수
  (접속법 과거형: estuviera, estuvieras, estuviera, estuviéramos, estuvierais, estuvieran)
- equivocado/a: 잘못한, 실수한
- por eso: 그래서, 따라서
- des: dar (주다)의 접속법 현재 2인칭 단수
  (접속법 현재형: dé, des, dé, demos, deis, den)
- engañes: engañar (속이다)의 접속법 현재 2인칭 단수
  (접속법 현재형: engañe, engañes, engañe, engañemos, engañéis, engañen)
  no me engañes: 나를 속이지마 (부정명령형)
- otra: 다른 사람, 다른 여자(persona 혹은 mujer가 생략됨)
- la muñeca: 인형
- opina: opinar (의견을 갖다, 의견을 표하다)의 직설법 현재 3인칭 단수
  (직설법 현재형: opino, opinas, opina, opinamos, opináis, opinan)

- escucho: escuchar (듣다)의 직설법 현재 1인칭 단수
  (직설법 현재형: escucho, escuchas, escucha, escuchamos, escucháis, escuchan)
- pongo: poner (놓다, 두다)의 직설법 현재 1인칭 단수
  (직설법 현재형: pongo, pones, pone, ponemos, ponéis, ponen)
  poner a prueba: [관용어] (누구를, 무엇을) 시험하다, 시험해 보다

Por siempre tú

Christina Aguilera

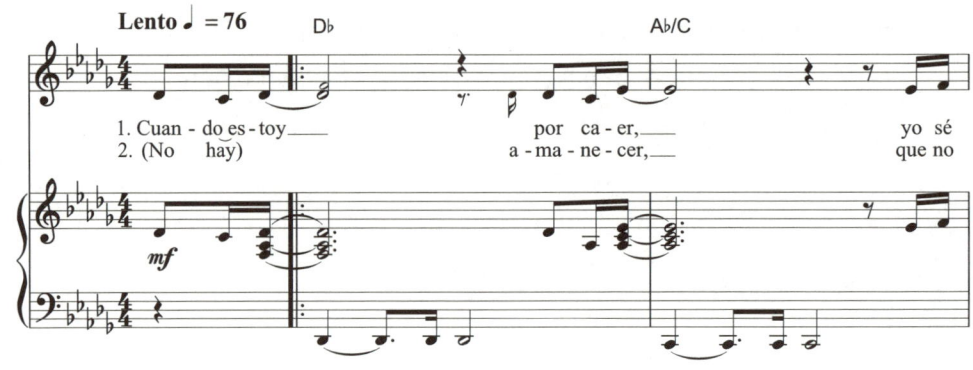
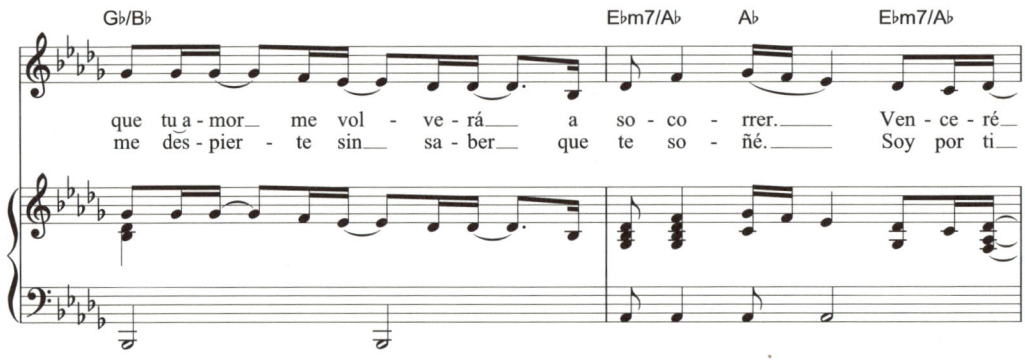
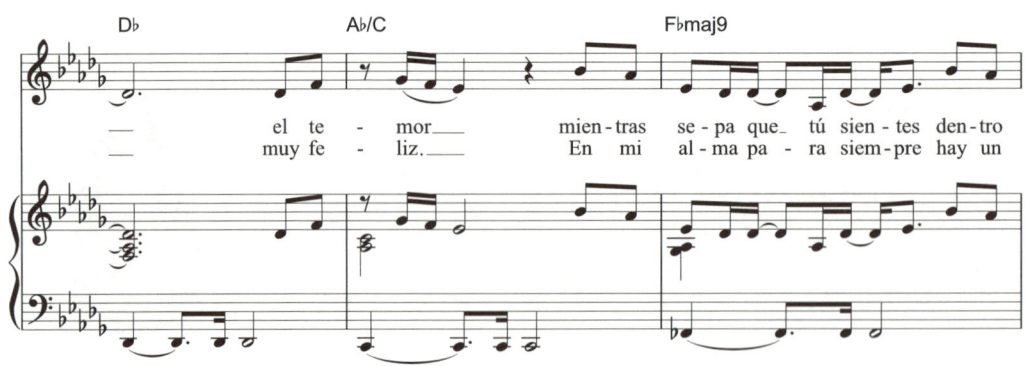

Por siempre tú

Christina Aguilera

Cuando estoy por caer,
yo sé que tu amor me volverá a socorrer.
Venceré el temor,
mientras sepa que tú sientes dentro
lo mismo que yo.

En el dolor y el bien,
tú me supiste amar.
Y lo que soy es por ti, sin dudar.
Eres mi protección, mi sostén.
Frente a todo, mi mejor opción.
Por siempre tú.

Mi poder, mi valor,
a través de lo peor.

Mi luz, mi cielo azul.
Mi gran amor, aún.
Por siempre tú.

No hay ningún amanecer
que no me despierte sin saber que te soñé.
Soy por ti, muy feliz.
En mi alma para siempre
hay un sitio para ti.

No importa donde esté, tu amor me encontrará
iluminando mi ser, mi oscuridad.

Eres mi protección, mi sostén.
Frente a todo, mi mejor opción.
(*Frente a todo, mi mejor opción*)
Por siempre tú. (*Por siempre tú*)

Mi poder, mi valor,
a través de lo peor.
Mi gran amor, aún.
Por siempre tú.

Mi guardián será refugio de tu querer.
La fe que me hará creer que vale mi vida.
Un hogar al cual por siempre volveré.
Te amo... (*¡Uh!*) Por siempre tú... (*¡Oh, ah!*)
Solo tú... (*¡Oh, yeah, oh!*)

Eres mi protección, mi sostén.
Frente a todo, mi mejor opción.
(*Mi mejor opción*)
Por siempre tú. (*Por siempre tú*)

Mi poder (*mi poder*), mi valor,
a través de lo peor.
Mi luz, mi cielo azul. (*Tú, mi cielo azul*)
Mi gran amor, aún.
Mi luz, mi cielo azul.
Mi gran amor, aún.
Por siempre tú.

영원히 당신은

Christina Aguilera

내가 넘어지려 할 때,
당신의 사랑이 날 다시 구할 걸 난 알아요.
난 두려움을 이겨낼 거에요,
내가 느끼는 것을
당신도 똑같이 느낀다는 걸 알고 있다면.

고통과 즐거움 속에서도,
당신은 날 사랑할 줄 알았죠.
나의 빛, 나의 푸른 하늘.
여전히, 나의 위대한 사랑
영원히 당신입니다.

어떤 새벽도
당신을 꿈꾼 사실을 모르고 깨어나는 적은 없어요.
난 당신으로 인해 존재하고, 매우 행복해요.
내 마음에는 영원히
당신을 위한 자리가 있어요.

내가 어디에 있든 상관없어요,
당신의 사랑이 날 찾을 거니까요.
나의 존재, 나의 어두움을 밝히면서

당신은 나의 보호자, 나의 버팀목
모든 것 앞에서, 최고의 선택인 당신
(모든 것 앞에서, 최고의 선택인 당신)
영원히 당신입니다. (영원히 당신입니다)

나의 힘, 나의 용기,
최악의 불행을 넘어서는.
여전히, 나의 위대한 사랑
영원히 당신입니다.

나의 수호자는 그대 사랑의 안식처가 될 거예요.
내 인생이 가치 있다고 확신하게 하는 믿음이에요.
내가 언제든지 돌아갈 가정.
당신을 사랑해요... (우!) 영원히 당신입니다... (오, 아!)
당신만이... (오, 예, 오!)

당신은 나의 보호자, 나의 버팀목
지금의 나는, 확실히 당신으로 인해 존재해요.
당신은 나의 보호자, 나의 버팀목
모든 것 앞에서, 최고의 선택인 당신
영원히 당신입니다.

나의 힘, 나의 용기
최악의 불행을 넘어서는.

모든 것 앞에서, 최고의 선택인 당신 (최고의 선택)
영원히 당신입니다. (영원히 당신입니다.)

나의 힘 (나의 힘), 나의 용기
최악의 불행을 넘어서는.
나의 빛, 나의 푸른 하늘. (당신은, 나의 푸른 하늘)
여전히, 나의 위대한 사랑.
나의 빛, 나의 푸른 하늘.
여전히, 나의 위대한 사랑.
영원히 당신입니다.

어휘 및 문법

- por siempre: [관용어] 영원히
- estoy por + 동사원형: 지금 ~하려고 하다
- caer: 넘어지다
  (직설법 현재형: caigo, caes, cae, caemos, caéis, caen)
- volverá: volver (돌아오다)의 직설법 미래 3인칭 단수
  (직설법 미래형: volveré, volverás, volverá, volveremos, volveréis, volverán)
  volver a + 동사원형: 다시 ~하다
- socorrer: 구하다
  (직설법 현재형: socorro, socorres, socorre, socorremos, socorréis, socorren)
- venceré: vencer (이기다, 극복하다)의 직설법 미래 1인칭 단수
  (직설법 미래형: venceré, vencerás, vencerá, venceremos, venceréis, vencerán)
- mientras: ~하는 동안
- sepa: saber (알다)의 접속법 현재 1, 3인칭 단수
  (접속법 현재형: sepa, sepas, sepa, sepamos, sepáis, sepan)
- el bien: 행복
- supiste: saber (알다)의 직설법 부정과거 2인칭 단수
  (직설법 부정과거형: supe, supiste, supo, supimos, supisteis, supieron)
- el amanecer: 새벽, 여명
- despierte: despertar (깨우다)의 접속법 현재 1, 3인칭 단수
  (접속법 현재형: despierte, despiertes, despierte, despertemos, despertéis, despierten)
- soñé: soñar (꿈꾸다)의 직설법 부정과거 1인칭 단수
  (직설법 부정과거형: soñé, soñaste, soñó, soñamos, soñasteis, soñaron)
- el alma: 마음, 영혼 (el alma ~ las almas)
- para siempre: [관용어] 영원히

- no importa: 상관없다
- encontrará: encontrar (찾다, 발견하다)의 직설법 미래 3인칭 단수
  (직설법 미래형: encontraré, encontrarás, encontrará, encontraremos, encontraréis, encontrarán)
- la oscuridad: 어두움
- el sostén: 버팀목, 지지자
- frente a: ~의 앞에, 마주 보고
- a través de: ~을 넘어, ~을 통하여
- lo peor: 최악의 것
- el guardián: 수호자, 관리인
- el refugio: 피난처, 보호
- la fe: 믿음
- hará: hacer (하다)의 직설법 미래 3인칭 단수
  (직설법 미래형: haré, harás, hará, haremos, haréis, harán)
  hacer + 동사원형: ~하게 하다, ~하도록 시키다(사역의 의미)
- vale: valer (가치가 있다)의 직설법 현재 3인칭 단수
  (직설법 현재형: valgo, vales, vale, valemos, valéis, valen)
- sin dudar: [관용어] 의심 없이

13 El beso del final

Christina Aguilera

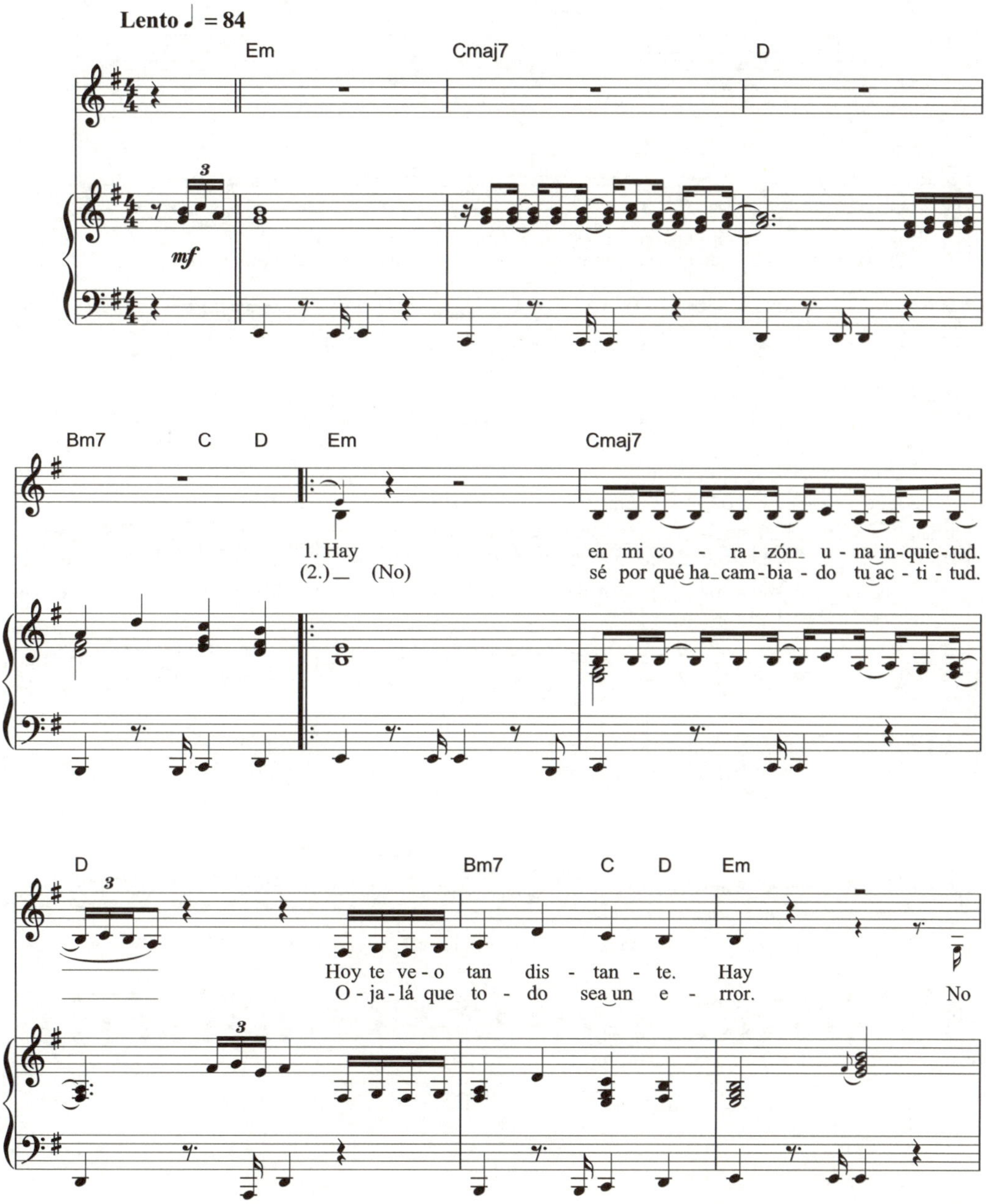

Lento ♩ = 84

1. Hay en mi corazón una inquietud.
(2.) (No) sé por qué ha cambiado tu actitud.
Hoy te veo tan distante. Hay
Ojalá que todo sea un error. No

125

El beso del final

Christina Aguilera

Hay en mi corazón una inquietud.
Hoy te veo tan distante.
Hay algo que me aleja de tu amor.
De repente tú cambiaste.
Hoy insegura estoy.
El estar sin ti, sé que me hará sufrir.

Anoche yo sentí que me besaste diferente,
y me quedé sin saber qué hacer.
Yo te conozco y sé que algo no anda bien.
Ven, dime la verdad, no quiero imaginar
que fue el beso del final.

¡*Oh, oh*!
No sé por qué ha cambiado tu actitud.
¡Ojalá que todo sea un error!
No quiero comprobar que te perdí
ni que nuestro amor se acabe.
Oigo una voz que se hunde en mí
que me vuelve a repetir
lo que no quiero oír.

Anoche yo sentí que me besaste diferente,
y me quedé sin saber qué hacer.
Yo te conozco y sé que algo no anda bien.
Ven, dime la verdad, no quiero imaginar
que fue el beso del final.

Hoy insegura estoy.
El estar sin ti, sé que me hará sufrir. (*¡Oh, oh!*)

Anoche yo sentí que me besaste diferente,
y me quedé sin saber qué hacer.
Yo te conozco y sé que algo no anda bien.
Ven, dime la verdad, no quiero imaginar
que fue el beso del final.

Anoche yo sentí que me besaste diferente,
y me quedé sin saber qué hacer.
Yo te conozco y sé que algo no anda bien.
Ven, dime la verdad, no quiero imaginar
que fue el beso del final.

Que fue el beso del final...
Que fue el beso del final...
Que fue el beso del final...
Que fue el beso del final...
Que fue el beso del final...
Que fue el beso del final...
Que fue el beso del final...

마지막 입맞춤

Christina Aguilera

내 심장에는 불안함이 있어요.
오늘은 당신이 멀게 느껴져요
당신의 사랑으로부터 나를 멀어지게 하는 뭔가가 있어요.
갑자기 당신은 변했어요.
오늘 나는 불안하답니다.
당신 없이 지낸다는 것이, 얼마나 고통스러울지 알아요.

어젯밤 당신의 키스가 달라졌다는 걸 느꼈어요
난 어떻게 해야 할지 모른 채 그냥 있었어요.
난 당신을 잘 알고 있어요, 그리고 무언가가 잘못되어가고 있다는 것도 알아요.
이리 와요, 내게 진실을 말해줘요.
그게 마지막 키스였다는 걸 상상조차 하기 싫어요.

오, 오!
난 당신의 행동이 왜 변했는지 모르겠어요.
제발 모든 게 현실이 아니었으면 좋겠어요!
당신을 잃었다는 사실을 확인하고 싶지 않아요.
우리의 사랑이 끝났다는 것 또한 확인하고 싶지 않아요.
내 마음 안에 파고들어오는 하나의 목소리를 들어요.
반복해서 들리지만
난 듣고 싶지 않네요.

어젯밤 당신의 키스가 달라졌다는 걸 느꼈어요

난 어떻게 해야 할지 모른 채 그냥 있었어요.
난 당신을 잘 알고 있어요, 그리고 무언가가 잘못되어가고 있다는 것도 알아요.
이리 와요, 내게 진실을 말해줘요.
그게 마지막 키스였다는 걸 상상조차 하기 싫어요.

오늘 나는 불안하답니다.
당신 없이 지낸다는 것이, 얼마나 고통스러울지 알아요 (오, 오!)

어젯밤 당신의 키스가 달라졌다는 걸 느꼈어요
난 어떻게 해야 할지 모른 채 그냥 있었어요.
난 당신을 잘 알고 있어요, 그리고 무언가가 잘못되어가고 있다는 것도 알아요.
이리 와요, 내게 진실을 말해줘요.
그게 마지막 키스였다는 걸 상상조차 하기 싫어요.

어젯밤 당신의 키스가 달라졌다는 걸 느꼈어요
난 어떻게 해야 할지 모른 채 그냥 있었어요.
난 당신을 잘 알고 있어요, 그리고 무언가가 잘못되어가고 있다는 것도 알아요.
이리 와요, 내게 진실을 말해줘요.
그게 마지막 키스였다는 걸 상상조차 하기 싫어요.

마지막 키스였다는 걸...
마지막 키스였다는 걸...
마지막 키스였다는 걸...
마지막 키스였다는 걸...
마지막 키스였다는 걸...
마지막 키스였다는 걸...
마지막 키스였다는 걸...

어휘 및 문법

- hay: haber (있다)의 3인칭 단수형으로 '~이 있다'의 의미를 가지며, 단수·복수에 상관없이 항상 불특정한 대상과 함께 쓰임
- la inquietud: 불안함, 초조함, 근심
- tan: 그렇게, 그토록
  tan distante: 그토록 멀리
- aleja: alejar (멀리 하다, 버리다)의 직설법 현재 3인칭 단수
  (직설법 현재형: alejo, alejas, aleja, alejamos, alejáis, alejan)
- de repente: 갑자기
- cambiaste: cambiar (바꾸다, 교환하다)의 직설법 부정과거 2인칭 단수
  (직설법 부정과거형: cambié, cambiaste, cambió, cambiamos, cambiasteis, cambiaron)
- inseguro/a: 불안한, 불확실한
- anoche: 어젯밤
- besaste: besar (키스하다)의 직설법 부정과거 2인칭 단수
  (직설법 부정과거형: besé, besaste, besó, besamos, besasteis, besaron)
- me quedé: quedarse (남다, 머물다)의 직설법 부정과거 1인칭 단수
  (직설법 부정과거형: me quedé, te quedaste, se quedó, nos quedamos, os quedasteis, se quedaron)
- anda: andar (걷다)의 직설법 현재 3인칭 단수
  (직설법 현재형: ando, andas, anda, andamos, andáis, andan)
  andar bien: [관용어] (일이) 잘 되다
- imaginar: 상상하다
  (직설법 현재형: imagino, imaginas, imagina, imaginamos, imagináis, imaginan)
- la actitud: 태도
- comprobar: 확인하다, 증명하다
  (직설법 현재형: compruebo, compruebas, comprueba, comprobamos, comprobáis, comprueban)
- perdí: perder (잃다, 놓치다)의 직설법 부정과거 1인칭 단수
  (직설법 부정과거형: perdí, perdiste, perdió, perdimos, perdisteis, perdieron)
- acabe: acabar (끝내다, 마치다)의 접속법 현재 1, 3인칭 단수
  (접속법 현재형: acabe, acabes, acabe, acabemos, acabéis, acaben)
- se hunde: hundirse (가라앉다)의 직설법 현재 3인칭 단수

Los Lobos
로스 로보스

Los Lobos: es una banda de rock creada por hijos de inmigrantes mexicanos asentados en Los Angeles (California), cuyas influencias provienen del rock and roll, el tex-mex, la música country, el folk, el rhythm & blues, el blues, la cumbia, el son caribeño y la música tradicional mexicana (como los boleros y los norteños). Por ello, esta banda representa un ejemplo de mestizaje musical americano. Surgió en el año 1973 y se hizo famosa con el disco "Anselma", con el que ganó un premio Grammy en 1984. Sus canciones aparecen en numerosas películas estadounidenses y están recopiladas en la grabación "Goes Disney"(2009) editada por Walt Disney Records.

로스 로보스(늑대들이라는 뜻): 록 밴드로 L.A.(캘리포니아)에 정착한 멕시코 이주민들의 2세대에 의해 만들어졌다. 록 앤 롤, 텍스-멕스, 컨트리음악, 포크, 리듬 앤 블루스, 블루스, 꿈비아, 손 까리베뇨, 볼레로와 노르떼뇨와 같은 멕시코 전통 음악 등에 영향을 끼쳤다. 이 때문에 이 밴드는 1973년대에 유행하던 아메리카 음악의 혼합의 일례를 대표하며 음반 Anselma로 유명해져 1984년에는 그래미 상을 받기에 이르렀다. 이 밴드의 곡들은 미국의 수많은 영화에 등장하여 월트 디즈니 레코드가 편집한 Goes Disney (2009) 음반에 한데 모아 수록되었다.

14 La bamba

Los Lobos

La bamba

Los Lobos

Para bailar la bamba,
para bailar la bamba,
se necesita una poca de gracia.
Una poca de gracia,
pa(ra) mí, pa(ra) ti.
¡Ay, arriba y arriba!
¡Ay, arriba y arriba!
Por ti seré, por ti seré, por ti seré.

Yo no soy marinero,
yo no soy marinero,
soy capitán, soy capitán, soy capitán.
Bamba, bamba, bamba, bamba,
bamba, bamba, bamba, bamba.

Para bailar la bamba,
para bailar la bamba,
se necesita una poca de gracia.
Una poca de gracia,
pa(ra) mí, pa(ra) ti.
¡Ay, arriba y arriba!

Para bailar la bamba,
para bailar la bamba,
se necesita una poca de gracia.
Una poca de gracia,
pa(ra) mí, pa(ra) ti.
¡Ay, arriba y arriba!
¡Ay, arriba y arriba!
Por ti seré, por ti seré, por ti seré.
Bamba, bamba, bamba, bamba,
bamba, bamba, bamba, bamba...

가사를 익힙시다

라밤바

Los Lobos

라밤바를 추려면,
라밤바를 추려면,
약간의 매력이 필요하지.
약간의 매력이,
날 위해, 널 위해.
자 ~ 일어나세요, 일어나세요!
자 ~ 일어나세요, 일어나세요!
난 널 위해 존재할 거야, 난 널 위해 존재할 거야, 난 널 위해 존재할 거야.

난 선원이 아니야,
난 선원이 아니야,
난 선장이야, 난 선장이야, 난 선장이야.
밤바, 밤바, 밤바, 밤바,
밤바, 밤바, 밤바, 밤바.

라밤바를 추려면,
라밤바를 추려면,
약간의 매력이 필요하지.
약간의 매력이,
날 위해, 널 위해.
자 ~ 일어나세요, 일어나세요!

라밤바를 추려면,
라밤바를 추려면,
약간의 매력이 필요하지.
약간의 매력이,
날 위해, 널 위해.
자 ~ 일어나세요, 일어나세요!
자 ~ 일어나세요, 일어나세요!
난 널 위해 존재할 거야, 난 널 위해 존재할 거야, 난 널 위해 존재할 거야.
밤바, 밤바, 밤바, 밤바,
밤바, 밤바, 밤바, 밤바…

어휘 및 문법

- bailar: 춤추다
  (직설법 현재형: bailo, bailas, baila, bailamos, bailáis, bailan)
- se necesita: ~이 필요하다(무인칭) (es necesario / es necesaria)
- un(a) poco/a de: 약간의 (un(a) poco/a)
- la gracia: 매력, 은혜
  [tener gracia bailando ~ ser gracioso/a bailando.]
  ① "tener gracia bailando"는 신나서 춤춘다의 뜻
  ② "ser gracioso/a bailando"는 웃기게 춤춘다의 뜻
  – gracioso는 gracia에서 나왔습니다.
- arriba: 위로, 기립, 기상
- el marinero: 선원, 뱃사람
- el capitán: 선장, 캡틴

Luis Miguel
루이스 미겔

Luis Miguel: su nombre completo es Luis Miguel Gallego Basteri. De padre español (cantante) y madre italiana (actriz), nació en el año 1970 en San Juan de Puerto Rico, aunque su nacionalidad es mexicana desde 1991. Es un cantante, compositor y productor musical centrado en la música latina (pop latino, balada romántica, bolero y mariachi) y New Wave. Tanto por su talento como por su voz, Luis Miguel es reconocido como uno de los cantantes latinoamericanos más populares desde el año 1982 hasta la

actualidad. No en vano ya ha ganado cinco premios Grammy concedidos por la academia estadounidense y cuatro Grammy Latinos. A lo largo de su carrera, ha vendido más de cien millones de discos en todo el mundo.

루이스 미겔: 그의 전체 이름은 루이스 미겔 가예고 바스떼리이다. 스페인인 아버지(가수)와 이탈리아인 어머니(배우) 사이에서 1970년에 푸에르토 리코의 산 후안에서 태어났지만, 1991년부터 멕시코 국적을 갖고 있다. 라틴 음악(라틴 팝, 로맨틱 발라드, 볼레로, 마리아치)과 뉴 웨이브에 초점을 맞춘 가수, 작곡가 겸 음반 제작자이다. 그의 재능과 목소리 덕분에 루이스 미겔은 1982년부터 현재까지 가장 유명한 라틴아메리카 가수 중 한 사람으로 알려져 있다. 이미 미국 협회에서 수여하는 수많은 그래미 상과 라틴 그래미 상을 수상하였다. 가수 경력 중에 전 세계적으로 1억 장 이상의 앨범을 판매하였다.

Contigo en la distancia

Luis Miguel

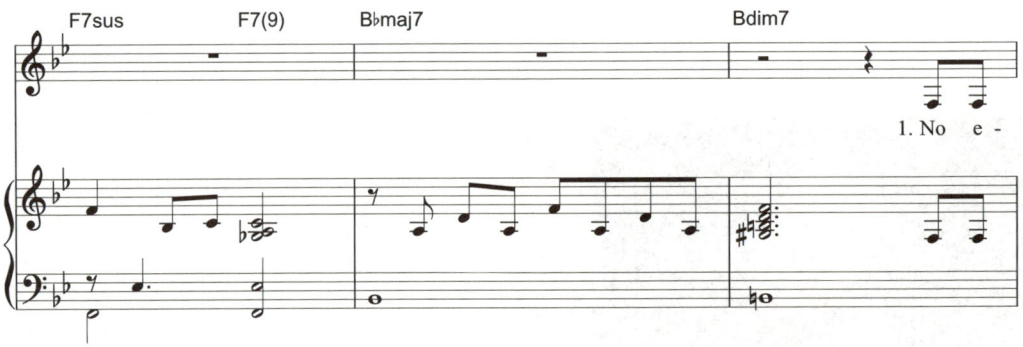

Contigo en la distancia

Luis Miguel

No existe un momento del día
en que pueda apartarme de ti.

El mundo parece distinto
cuando no estás junto a mí.

No hay bella melodía
en que no surjas tú.

Ni yo quiero escucharla
si no la escuchas tú.

Es que te has convertido
en parte de mi alma.
Ya nada me consuela
si no estás tú también.

Más allá de tus labios,
del sol y las estrellas,
contigo en la distancia,
amada mía, estoy.

En parte de mi alma...
Ya nada me consuela
si no estás tú también.

Más allá de tus labios,
del sol y las estrellas,
contigo en la distancia,
amada mía, estoy.

가사를 익힙시다

멀리 있는 당신과 함께

Luis Miguel

하루 중 어느 한 순간도
당신에게서 나를 멀리할 수 없어.

세상은 달라보여
당신이 내 곁에 없으면.

아름다운 멜로디는 없어
당신이 등장하지 않는.

나도 듣고 싶지 않아
당신이 듣지 않는다면.

당신은 내 영혼의
일부가 되어 버린 거야.
이제 아무것도 날 위로해 줄 수 없어
당신조차 없다면.

당신의 입술로부터 저 멀리,
태양과 별에서부터 저 멀리,
나는 멀리 있는 당신과 함께 있어,
사랑하는 여인이여.

내 영혼의 일부...
이제 아무것도 나를 위로해 주지 않아
만약에 당신이 없다면.

당신의 입술로부터 저 멀리,
태양과 별에서부터 저 멀리,
나는 멀리 있는 당신과 함께 있어,
사랑하는 여인이여.

어휘 및 문법

- existe: existir (존재하다)의 직설법 현재 3인칭 단수
  (existo, existes, existe, existimos, existís, existen)
- apartar: 나누다, 가르다, 떼어놓다
  (직설법 현재형: aparto, apartas, aparta, apartamos, apartáis, apartan)
- parece: parecer (~인 것처럼 보이다)의 직설법 현재 3인칭 단수
- bello/a: 아름다운
- la melodía: 멜로디
- surjas: surgir (나타나다, 등장하다)의 접속법 현재 2인칭 단수
  (접속법 현재형: surja, surjas, surja, surjamos, surjáis, surjan)
- convertido: convertir (바꾸다, 전환하다)의 과거 분사형
  (직설법 현재형: convierto, conviertes, convierte, convertimos, convertís, convierten)
- parte de: ~의 일부
- consuela: consolar (위로하다, 위안하다)의 직설법 현재 3인칭 단수형
  (직설법 현재형: consuelo, consuelas, consuela, consolamos, consoláis, consuelan)
- más allá de: ~을 넘어, ~의 저쪽에
- los labios: 입술 (el labio)
- el sol: 태양
- la estrella: 별
- amada mía: 나의 사랑하는 여인이여 (mi amado / mi amada)

16 Dímelo en un beso

Luis Miguel

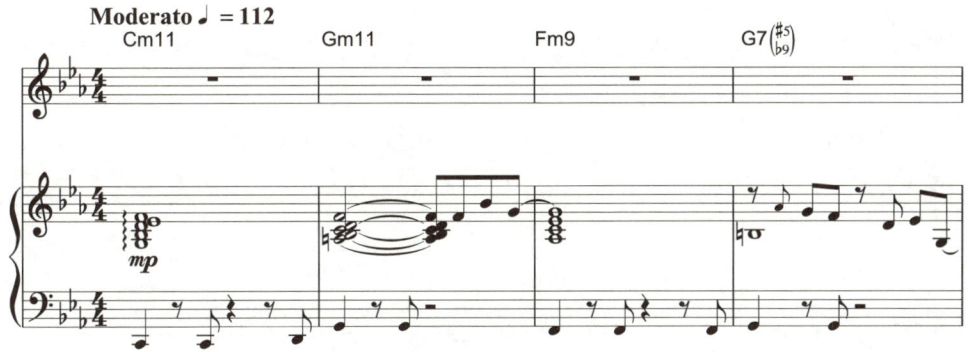
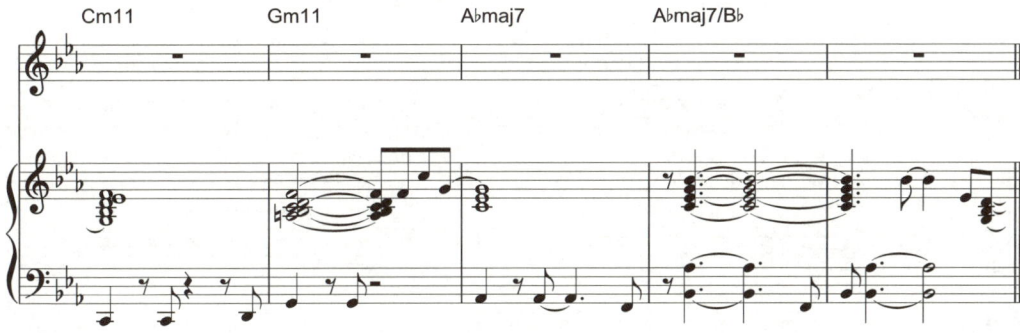

가사를 익힙시다

Dímelo en un beso

Luis Miguel

Con solo un beso me dijiste todo,
me diste la vida.

En tus caricias
viví mi fantasía.

En tu mirada
vi que eras mía,
que en ti yo vivía.

Lo que tus labios no digan,
lo que tu cuerpo te pida,
dímelo en un beso.
Cuéntame el secreto
de tu amor.

No me ocultes nada
y déjate llevar
por mi corazón.

No hay nada
como despertar contigo.

Dormir a tu lado
amándote día y noche
sin medida.

Revélame el misterio escondido,
si los has decidido.
No necesitas palabras
para decir que me amas.

Dímelo en un beso.
Cuéntame el secreto
de tu amor.
No me ocultes nada
y déjate llevar
por mi corazón.

Entrégate sin temor,
no hay nadie más
que tú y yo.
Tu cuerpo pide calor.

Dame tus labios
y dale refugio a mi amor.

Dímelo en un beso.
Cuéntame el secreto
de tu amor.

No me ocultes nada
y déjate llevar
por mi corazón.

Dímelo en un beso.
Cuéntame el secreto
de tu amor.
No me ocultes nada
y déjate llevar
por mi corazón.

No me ocultes nada
y déjate llevar
por mi corazón.

No me ocultes nada
y déjate llevar
por mi corazón. (Corazón, corazón)

Dímelo en un beso.
Dímelo en un beso.

한번의 입맞춤으로 내게 말해줘

Luis Miguel

한 번의 입맞춤으로
넌 내게 모든 걸 말해주었지
내게 삶을 주었지.

너의 애정으로
난 환상 속에 살았어.

너의 시선에서
너는 내 것임을 보았고
네 안에서 내가 살고 있다는 것을 보았어.

너의 입술이 말하지 않는 것을
너의 몸이 원하는 것을
한 번의 입맞춤으로 말해줘.
네 사랑의 비밀을
내게 이야기 해 줘.

내게 아무것도 숨기지마
내 마음이 이끄는 대로
따라와 줘.

너와 함께 일어나는
것만큼 좋은(것보다 더한) 건 없어.

네 곁에서 잠들고
너를 밤낮으로 사랑할거야
끝없이.

내게 숨겨놓은 비밀들을 이야기해줘
그것을 결정했다면.
나를 사랑한다는 말을 할
필요 없어.

한 번의 입맞춤으로 말해줘.
네 사랑의 비밀을
내게 이야기 해 줘.
내게 아무것도 숨기지마
내 마음이 이끄는 대로
따라와 줘.

두려움 없이 나에게로 와
너와 나 외엔
아무도 없으니까.
너의 몸은 열기를 원하고 있잖아.

너의 입술을 내게 줘
그리고 내 사랑에게 안식처를 제공해 줘.

한 번의 입맞춤으로 말해줘.
네 사랑의 비밀을
내게 이야기 해 줘.

내게 아무것도 숨기지마
내 마음이 이끄는 대로
따라와 줘.

한 번의 입맞춤으로 말해줘.
네 사랑의 비밀을
내게 이야기 해 줘.
내게 아무것도 숨기지마
내 마음이 이끄는 대로
따라와 줘.

내게 아무것도 숨기지마
내 마음이 이끄는 대로
따라와 줘.

내게 아무것도 숨기지마
내 마음이 이끄는 대로
따라와 줘. (마음, 마음)

한 번의 입맞춤으로 말해줘.
한 번의 입맞춤으로 말해줘.

어휘 및 문법

- la caricia: 애정, 쓰다듬기
- viví: vivir (살다)의 직설법 부정과거 1인칭 단수
  (직설법 부정과거형: viví, viviste, vivió, vivimos, vivisteis, vivieron)
- la fantasía: 환상
- la mirada: 시선
- vivía: vivir (살다)의 직설법 불완료 과거 1, 3인칭 단수
  (직설법 불완료 과거형: vivía, vivías, vivía, vivíamos, vivíais, vivían)
- pida: pedir (요구하다)의 접속법 현재 1, 3인칭 단수
  (접속법 현재형: pida, pidas, pida, pidamos, pidáis, pidan)
- cuenta: contar (이야기하다, 세다)의 직설법 현재 3인칭 단수
  (직설법 현재형: cuento, cuentas, cuenta, contamos, contáis, cuentan)
  cuéntame: 나에게 말해줘 (명령형)
- ocultes: ocultar (숨기다)의 접속법 현재 2인칭 단수
  (접속법 현재형: oculte, ocultes, oculte, ocultemos, ocultéis, oculten)
- deja: dejar (놓다, 내버려두다)의 직설법 현재 3인칭 단수
  (직설법 현재형: dejo, dejas, deja, dejamos, dejáis, dejan)
- dejarse llevar: 따르다, 영향을 받다
- día y noche: 밤낮으로
- la medida: 크기, 치수 (sin medida: 끝없이)
- revela: revelar (밝히다, 명확히 하다)의 직설법 현재 3인칭 현재
  (직설법 현재형: revelo, revelas, revela, revelamos, reveláis, revelan)
- escondido: esconder (숨기다, 감추다)의 과거 분사형
  (직설법 현재형: escondo, escondes, esconde, escondemos, escondéis, esconden)
- entrega: entregar (건네다, 수여하다)의 직설법 현재 3인칭 단수
  (직설법 현재형: entrego, entregas, entrega, entregamos, entregáis, entregan)
  entregarse: (누군가에게) 몸(마음)을 맡기다

17 Sol, arena y mar

Luis Miguel

1. To - do co - men-
2.3. *See additional lyrics*

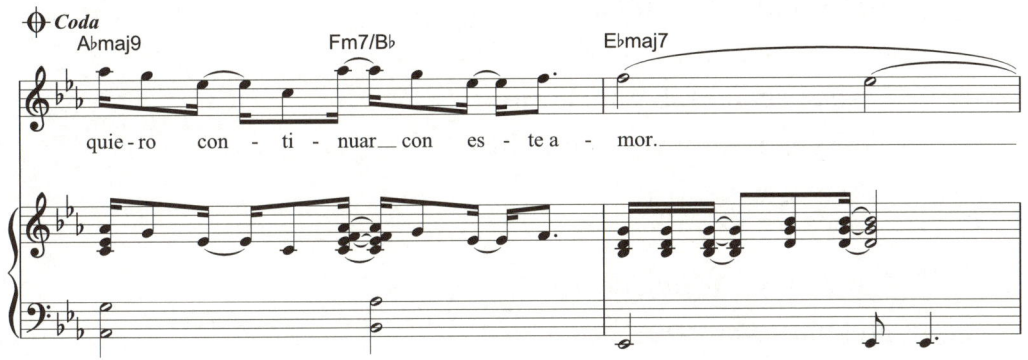
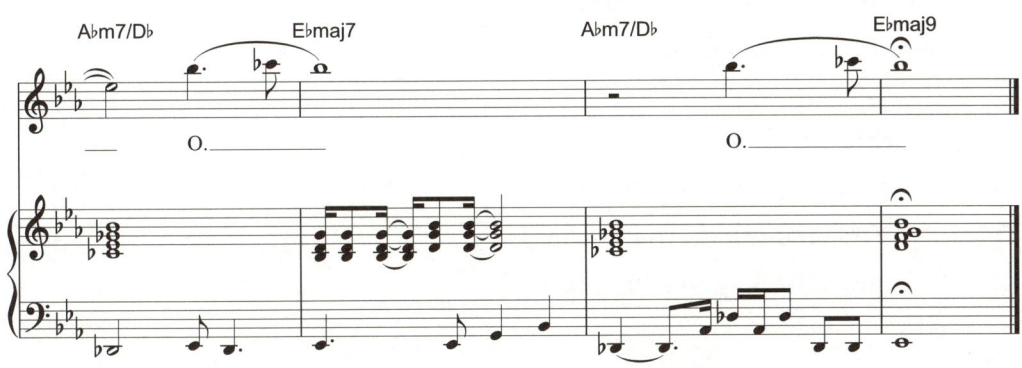

Verso 2:
Cambiar mi forma de ser
pretende una y otra vez.
Y las noches son amargas.
silenciosas y muy largas. Es una pesadilla.
(Coro)

Verso 3:
Responde con un después
si digo abrázame.
Hoy te quiero, hoy no te quiero.
Beso amargo, beso tierno. Es su filosofía.
(Coro)

Sol, arena y mar

Luis Miguel

Todo comenzó muy bien.
Me amaba, yo era su rey.
Pero el sueño fue muy corto.
Y hoy me estoy volviendo loco.
¡No se qué pasaría!

Cambiar mi forma de ser,
pretende una y otra vez.
Y las noches son amargas,
silenciosas y muy largas.
¡Es una pesadilla!

Sol, arena y mar
es todo lo que quiero ahora.
Y no me queda más
que sonreír y ver las olas.

Siempre discutimos
y muy poco nos reímos.
Ya no puedo continuar
con este amor.

Responde con un "después",
si digo "abrázame".

Hoy te quiero y no te quiero.
Beso amargo, beso tierno.
¡Es su filosofía!

Sol, arena y mar
es todo lo que quiero ahora.
Y no me queda más
que sonreír y ver las olas.

Siempre discutimos
y muy poco nos reímos.
Ya no puedo continuar
con este amor.

Estoy herido
por haber amado a quien no le importé.
Siento el vacío.
Esta vez he prometido no volver.

Sol, arena y mar
es todo lo que quiero ahora.
Y no me queda más
que sonreír y ver las olas.

Siempre discutimos
y muy poco nos reímos.
No puedo continuar
y ya no quiero continuar
con este amor.

태양, 모래 그리고 바다

Luis Miguel

모든 게 순조롭게 잘 시작되었지.
그녀가 날 사랑했고, 난 그녀의 왕이었지.
하지만 그 꿈은 너무 짧았어.
오늘 나는 미쳐버릴 것만 같아.
무슨 일이 일어날지 모르겠어!

나의 행동방식을 바꾸기 위해
여러 번 노력할 거야.
밤은 왜 이리 고달프고
고요하며 길기만 한지.
이건 악몽이야!

태양, 모래 그리고 바다
이게 바로 내가 지금 원하는 것이야.
미소 짓고 파도를 보는 것 밖에 할 수가 없어

우리는 늘 말다툼하고
가끔만 웃지
이제 더 이상 이런 사랑을
지속 할 수 없어.

그녀는 "나중에"라고 대답하지,
내가 "안아줘"라고 말하면.

오늘 당신을 사랑했다가 사랑하지 않았다가
쓴 입맞춤을 주다가도 달콤한 입맞춤을 주는
이것이 그녀의 철학이야!

태양, 모래 그리고 바다
이게 바로 내가 지금 원하는 것이야.
미소 짓고 파도를 보는 것 밖에 할 수가 없어

우리는 늘 말다툼하고
가끔만 웃지
이제 더 이상 이런 사랑을
지속 할 수 없어.

난 상처를 받았어
날 중요하게 생각하지 않는 사람을 사랑한 것에.
마음이 허전해
이번엔 그녀에게 돌아가지 않을 거라 다짐했어.

태양, 모래 그리고 바다
이게 바로 내가 지금 원하는 것이야.
미소 짓고 파도를 보는 것 밖에 할 수가 없어

우리는 늘 말다툼하고
가끔만 웃지
이제 더 이상 지속할 수 없어
이제 더 이상 이런 사랑을
지속하고 싶지 않아.

어휘 및 문법

- comenzó: comenzar (시작하다)의 직설법 부정과거 3인칭 단수
  (직설법 부정과거형: comencé, comenzaste, comenzó, comenzamos, comenzasteis, comenzaron)
- amaba: amar (사랑하다)의 직설법 불완료 과거 1, 3인칭 단수
  (직설법 불완료 과거형: amaba, amabas, amaba, amábamos, amabais, amaban)
- el rey: 왕
- volviendo: volver (뒤집다, 돌아오다)의 현재 분사형
  volverse loco: [관용어] 미치다
  (직설법 현재형: vuelvo, vuelves, vuelve, volvemos, volvéis, vuelven)
- pretende: pretender (노력하다, 시도하다, 바라다)의 직설법 현재 3인칭 단수
  (직설법 현재형: pretendo, pretendes, pretende, pretendemos, pretendéis, pretenden)
- una y otra vez: 되풀이, 계속해서
- amargo/a: 쓴
- la pesadilla: 악몽
- la ola: 파도
- las olas del mar: 바다의 파도
- discutimos: discutir (말다툼하다, 토론하다, 싸우다)의 직설법 현재 1인칭 복수
  (직설법 현재형: discuto, discutes, discute, discutimos, discutís, discuten)
- nos reímos: reírse (웃다)의 직설법 현재 1인칭 복수
  (직설법 현재형: río, ríes, ríe, reímos, reís, ríen)
- responde: responder (대답하다)의 직설법 현재 3인칭 단수
  (직설법 현재형: respondo, respondes, responde, respondemos, respondéis, responden)
- tierno/a: 부드러운, 다정한
- herido: herir (상처를 입히다, 마음 아프게 하다)의 과거 분사형
- el vacío: 공허함, 빈 틈
- prometido: prometer (약속하다)의 과거 분사형
  prometer + 동사원형: ~을 약속하다
  (직설법 현재형: prometo, prometes, promete, prometemos, prometéis, prometen)

Julio Iglesias
훌리오 이글레시아스

Julio Iglesias: es un cantante, empresario y ex futbolista español, nacido en Madrid el 23 de septiembre de 1943. Según Sony Music, es uno de los diez cantantes que más discos ha vendido en la historia de la música, tras vender más de 300 millones de álbumes en todo el mundo hasta el día de hoy. Se estima que durante su carrera ha actuado para 60 millones de personas en los cinco continentes y es el cantante extranjero con mayores ventas en Brasil (17 millones) en el año 2001 y en Francia (9 millones) en el año 2005. En España, su país natal, es el mayor vendedor de discos, con 23 millones vendidos hasta el año 2000. En 1971 se casó con Isabel Preysler con quien tuvo tres hijos: el también exitoso cantante Enrique Iglesias, el cantante y modelo Julio Iglesias Jr. y Chábeli Iglesias.

훌리오 이글레시아스: 스페인의 가수이자 기업가, 그리고 전(前) 축구선수로, 1943년 9월 23일 마드리드에서 태어났다. 쏘니 뮤직에 따르면 그는 오늘날까지 전 세계에서 삼억 장 이상의 앨범을 판매한, 가요계 역사상 최다 음반 판매 가수들 열 명 중 한 명에 해당된다고 한다. 그의 가수 생활 동안 다섯 개의 대륙에서 약 육천만 명을 대상으로 활동했으며 브라질에서 2001년(약 천칠백만 장), 프랑스에서는 2005년 (약 구백만 장)에 주요 판매 실적을 올린 외국계 가수이다. 그의 모국인 스페인에서는, 2000년까지 약 이천삼백만 장의 음반을 판매한 음반 판매왕이다. 1971년 이사벨 쁘레이슬레르와 결혼하여 세 명의 아이를 가졌는데, 역시 성공적인 가수인 엔리께 이글레시아스, 가수이자 모델인 훌리오 이글레시아스 주니어, 그리고 차벨리 이글레시아스가 그의 자녀들이다.

18 Gozar la vida

Julio Iglesias

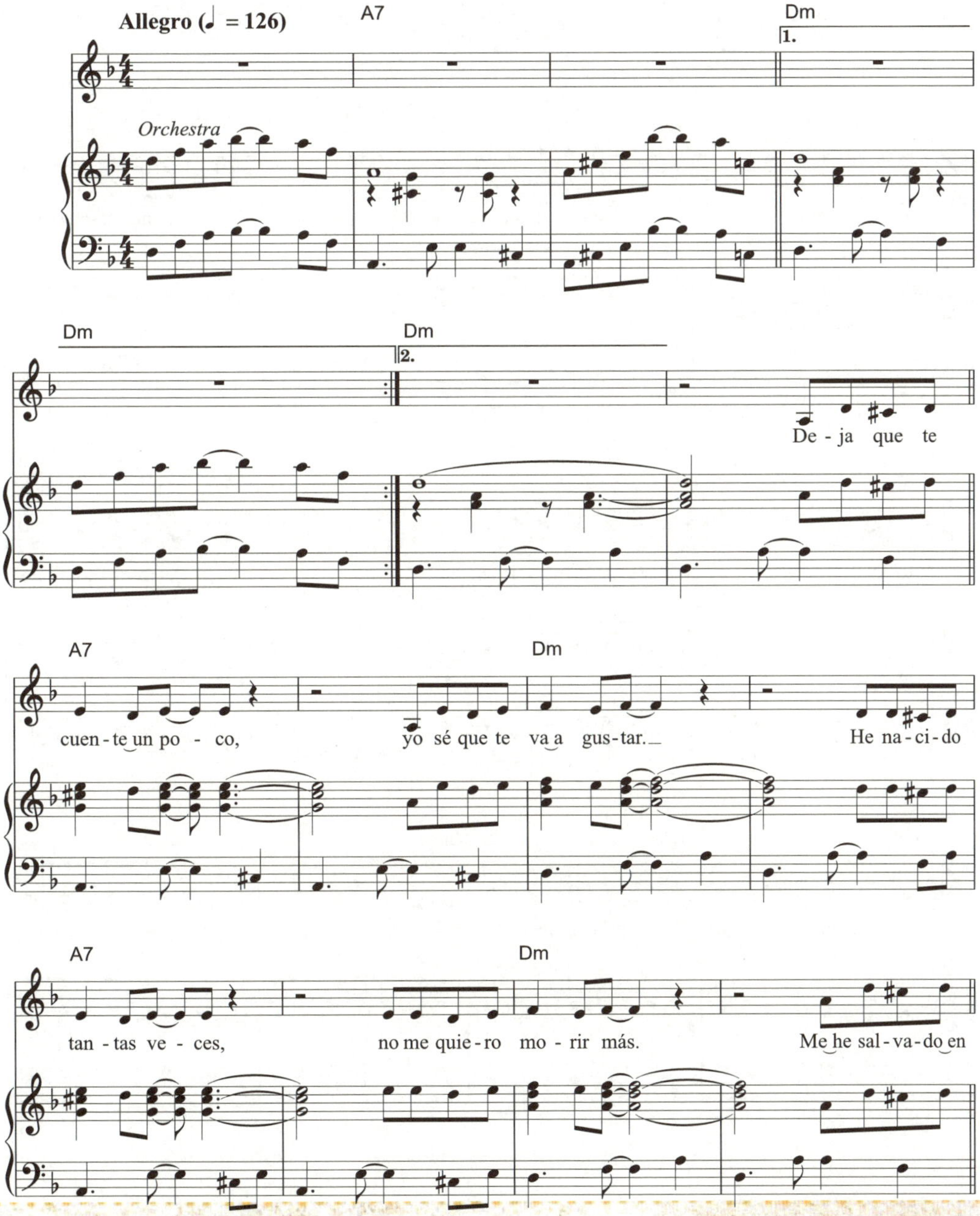

가사를 익힙시다

Gozar la vida

Julio Iglesias

Deja que te cuente un poco,
yo sé que te va a gustar.
He nacido tantas veces,
no me quiero morir más.

Me he salvado en tantas guerras,
me he cansado de llorar.
Y ahora que ya estoy de vuelta,
quiero vivir más.

Unos nacen con todo, y otros casi sin na'.
Pero todos llevamos un ticket que dice
"principio y final", caballero.

Caballero, hay que gozar la vida
que de pronto el tiempo se te va.
Disfruta lo que tienes que cuando te vas,
no te llevas na'.

Caballero...

Caballero, hay que gozar la vida
que de pronto el tiempo se te va.
Disfruta lo que tienes que cuando te vas,
no te llevas na'.

Hay amigos pa' siempre, otros vienen y van.
Pero todos vivimos en una ruleta
que no para jamás, caballero.

Camina pa'lante, no le tengas miedo.
Que los que critican se critican ellos.
Y busca tu suerte que nada está escrito.
No mires atrás.

Caballero, gózate la vida.
Caballero, no lo pienses más.
Y vive lo que puedas.
Caballero goza, vive hasta el final.

Caballero, hay que gozar la vida
que de pronto el tiempo se te va.
Disfruta lo que tienes que cuando te vas,
no te llevas na'.

Caballero...

Caballero, hay que gozar la vida
que de pronto el tiempo se te va.
Disfruta lo que tienes que cuando te vas,
no te llevas na'.

Caballero...*
(*Se repite varias veces)

가사를 익힙시다

인생을 즐겨

Julio Iglesias

내가 하는 말 좀 잘 들어봐,
네가 좋아할 거란 걸 알아.
난 수도 없이 태어났어,
난 더 이상 죽고 싶지 않아.

나는 많은 역경을 이겨냈지,
나는 우는 것에 지쳤어.
그리고 지금 내가 다시 돌아왔어,
더 살고 싶어.

어떤 이는 모든 것을 가지고 태어나고, 또 어떤 이는 아무것도 없이 태어나지.
하지만 모든 사람들은 "처음과 끝"이라고 적힌 티켓을 가지고 있어,
이봐 (caballero).

이봐, 인생은 즐겨야 되는 거야
갑작스럽게 시간을 놓치게 되기 때문이지.
네가 가진 것들을 즐겨, 네가 떠날 때에는
아무것도 가져가지 못하기 때문이지.

이봐...

이봐, 인생은 즐겨야 되는 거야
갑작스럽게 시간을 놓치게 되기 때문이지.
네가 가진 것들을 즐겨, 너가 떠날 때에는
아무것도 가져가지 못하기 때문이지.

평생 친구도 있고, 지나가는 인연도 있어.
하지만 우리는 모두 쳇바퀴 속에서 살고 있어,
결코 멈추지 않는 쳇바퀴, 이봐.

전진해, 두려워하지 말고.
비난하는 사람들은 자기 자신을 비난 하는 거야.
그리고 너의 행운을 찾아봐,
왜냐하면 정해져 있는 것은 아무 것도 없기 때문이야
과거를 돌아보지 마.

이봐, 인생을 즐겨봐.
이봐, 더 이상 생각 하지 마.
최선을 다해 즐겨봐.
이봐, 인생을 즐겨, 마지막까지 최대한 즐겨보는 거야.

이봐, 인생은 즐겨야 되는 거야
갑작스럽게 시간을 놓치게 되기 때문이지.
네가 가진 것들을 즐겨, 네가 떠날 때에는
아무것도 가져가지 못하기 때문이지.

이봐…

이봐, 인생은 즐겨야 되는 거야
갑작스럽게 시간을 놓치게 되기 때문이지.
네가 가진 것들을 즐겨, 네가 떠날 때에는
아무것도 가져가지 못하기 때문이지.

이봐… *
(*여러 번 반복함)

어휘 및 문법

- **deja**: dejar (놓다, 남기다, 내버려두다)의 직설법 현재 3인칭 단수
  (직설법 현재형: dejo, dejas, deja, dejamos, dejáis, dejan)
  dejar + que + 접속법: ~하게 하다, 내버려두다
  Deja que tu hijo venga conmigo. (네 아들이 나와 함께 가도록 두어라.)
- **nacido**: nacer (태어나다)의 과거 분사형
- **morir**: 죽다
  (직설법 현재형: muero, mueres, muere, morimos, morís, mueren)
- **me he salvado**: salvarse (살다, 구출되다, 위험을 벗어나다)의 현재 완료 1인칭 단수
- **la guerra**: 전쟁
- **llorar**: 울다
  (직설법 현재형: lloro, lloras, llora, lloramos, lloráis, lloran)
- **estar de vuelta**: [관용어] 돌아오다
- **nacen**: nacer (태어나다)의 직설법 현재 3인칭 복수
  (직설법 현재형: nazco, naces, nace, nacemos, nacéis, nacen)
- **na′ (nada)**: 무
  No tengo nada. (나는 아무 것도 없다.)
  No me llevo nada conmigo. (나는 … 아무 것도 가지고 있지 않다.)
- **llevamos**: llevar (지니다, 가지고 있다)의 직설법 현재 1인칭 복수
  (직설법 현재형: llevo, llevas, lleva, llevamos, lleváis, llevan)
- **el caballero**: '신사' 라는 뜻이지만 이 노래에서는 이야기를 건네는 대상을 부르는 말로 쓰임
- **hay que + 동사원형**: ~해야만 한다(의무 표현)
- **gozar**: 즐기다
  (직설법 현재형: gozo, gozas, goza, gozamos, gozáis, gozan)
- **de pronto**: [관용어] 별안간, 갑자기, 느닷없이
- **disfruta**: disfrutar (즐기다, 가지다)의 직설법 현재 3인칭 단수

(직설법 현재형: disfruto, disfrutas, disfruta, disfrutamos, disfrutáis, disfrutan)
- la ruleta: 룰렛, 회전바퀴
- para: parar (멈추다, 세우다)의 직설법 현재 3인칭 단수
  (직설법 현재형: paro, paras, para, paramos, paráis, paran)
- camina: caminar (걷다)의 직설법 현재 3인칭 단수
  (직설법 현재형: camino, caminas, camina, caminamos, camináis, caminan)
- pa' lante: para adelante (앞으로) (= hacia adelante)
- critican: criticar (비난하다, 비판하다)의 직설법 현재 3인칭 복수
  (직설법 현재형: critico, criticas, critica, criticamos, criticáis, critican)
- busca: buscar (찾다)의 직설법 현재 3인칭 단수
  (직설법 현재형: busco, buscas, busca, buscamos, buscáis, buscan)
- escrito: escribir (쓰다)의 과거 분사형
- mires: mirar (보다, 바라보다)의 접속법 현재 2인칭 단수
  (접속법 현재형: mire, mires, mire, miremos, miréis, miren)
- atrás: 뒤로, 뒤쪽에 (hacia atrás)
- pienses: pensar (생각하다)의 접속법 현재 2인칭 단수
  (접속법 현재형: piense, pienses, piense, pensemos, penséis, piensen)

19 Te voy a contar mi vida

Julio Iglesias

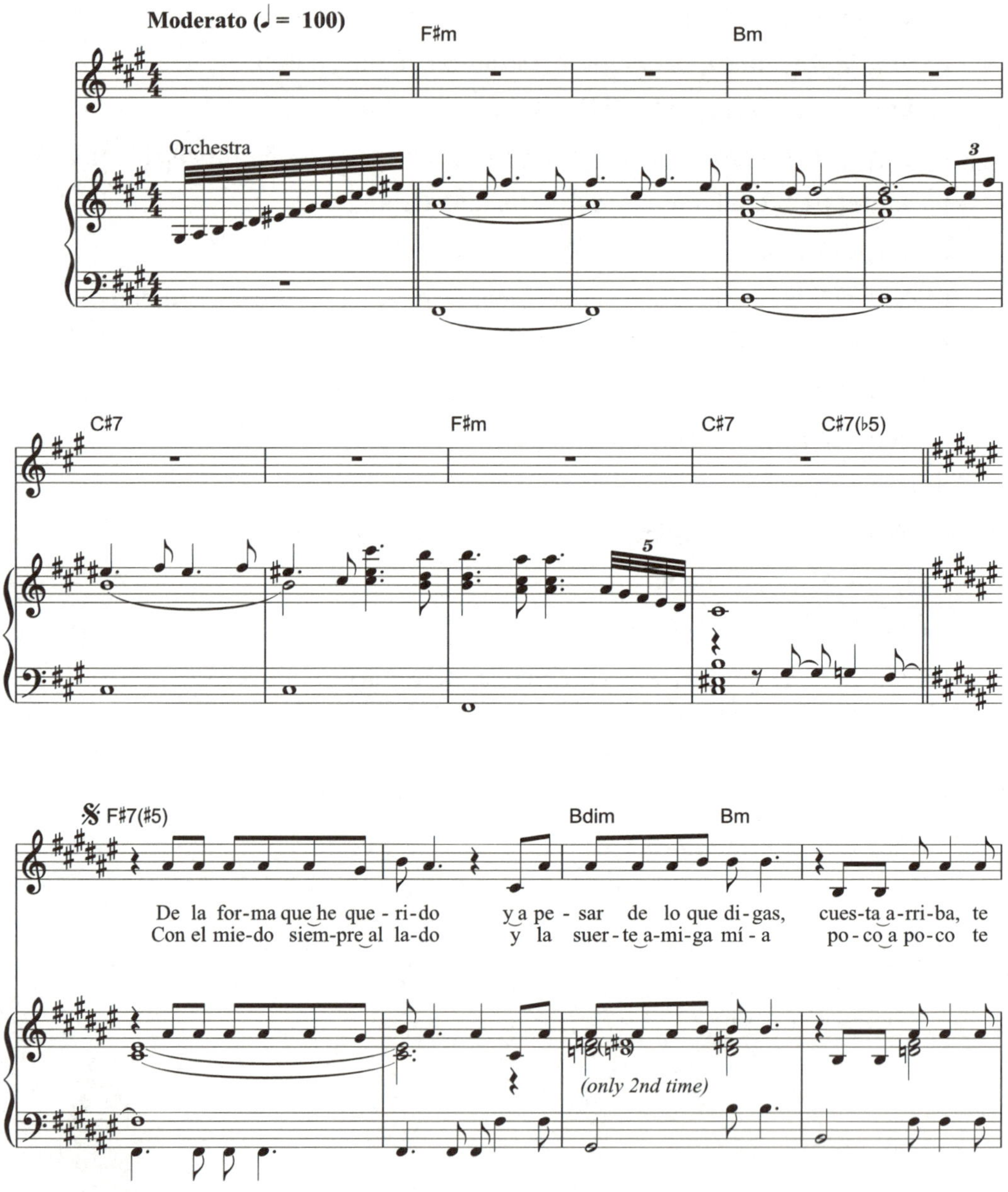
Moderato (♩ = 100)
F#m
Bm
Orchestra
3
C#7
F#m
C#7
C#7(♭5)
5
F#7(#5)
Bdim
Bm
De la for-ma que he que - ri-do y a pe - sar de lo que di-gas, cues-ta a-rri-ba, te
Con el mie-do siem-pre al la-do y la suer-te a-mi-ga mí - a po - co a po-co te
(only 2nd time)

Te voy a contar mi vida

Julio Iglesias

De la forma que he querido
y a pesar de lo que digas,
cuesta arriba, te voy a contar mi vida.

Con el alma un poco herida
y las ganas encendidas,
paso a paso, soy yo quien ha hecho mi vida. (*Mi vida*)

Entre el cielo y el infierno,
justo al borde de la línea,
siempre he perdido o he ganado.
Soy yo quien ha hecho mi vida.

Y si de nuevo yo empezara
sé que, de nuevo, lo haría.

Perdí, gané, sufrí, caí y me levanté.
De quien me encadenó, yo siempre me escapé.

Con el miedo siempre al lado
y la suerte amiga mía,
poco a poco, te voy a contar mi vida.

Con mis altos y mis bajos,
a favor o a la deriva, de verdad,

soy yo quien ha hecho mi vida. (*Mi vida*)

Entre el cielo y el infierno,
justo al borde de la línea,
siempre he perdido o he ganado.
Soy yo quien ha hecho mi vida.

Y si de nuevo yo empezara
sé que, de nuevo, lo haría.

Creí, dudé, reí, lloré y me equivoqué.
Mi vida ha sido así,
siempre entre el mal y el bien.
Creí, dudé, reí, lloré y me equivoqué,
aún me equivoqué.

Voy a contar mi vida.

Perdí, gané, sufrí, caí y me levanté.
Lo mucho que sufrí
también me hizo crecer.

Creí, dudé, reí, lloré y me equivoqué.
Mi vida ha sido así,
siempre entre el mal y el bien.
Creí, dudé, reí, lloré y me equivoqué.
Me equivoqué...

Me equivoqué...

당신에게 제 인생을 들려줄게요

Julio Iglesias

제가 원하는 방식으로
당신이 뭐라고 하든지 간에
힘들겠지만, 당신에게 제 인생을 들려줄게요.

조금 상처난 영혼과
활활 타오르는 의지로
조금씩 조금씩, 제가 제 인생을 만들었습니다. (제 인생을)

천국과 지옥 사이에서
바로 그 경계선에서
항상 잃기도 하고 얻기도 했습니다.
제가 제 인생을 만들었습니다.

그리고 제가 다시 인생을 시작한다면
다시 그렇게 살 거라는 걸 알아요.

잃고, 얻고, 고통 받고, 넘어지고 그리고 난 다시 일어났죠.
나를 가두려는 사람에게서, 난 항상 도망쳤지요.

항상 제 곁에 두려움이 함께 했고
행운은 저의 친구이죠,
조금씩 조금씩, 제 인생을 들려줄게요.

제 인생의 굴곡과 함께
좋은 일도 겪고 혹은 정처 없이 방황하기도 하며,

정말로 제가 제 인생을 만들었습니다. (제 인생을)

천국과 지옥 사이에서
바로 그 경계선에서
항상 잃기도 하고 얻기도 했습니다.
제가 제 인생을 만들었습니다.
그리고 제가 다시 인생을 시작한다면
다시 그렇게 할 거라는 걸 알아요.

믿고, 의심하고, 웃고, 울고 그리고 난 실수를 했죠.
제 인생이 이랬습니다,
항상 악과 선의 사이를 왔다 갔다 했죠.
믿고, 의심하고, 웃고, 울고 그리고 난 실수를 하였고,
여전히 실수를 했죠.

제 인생을 들려줄게요.

잃고, 얻고, 고통 받고, 넘어지고 그리고 난 다시 일어났죠.
많이 고통 받았을수록
나를 더 성숙하게 했죠.

믿고, 의심하고, 웃고, 울고 그리고 난 실수를 했죠.
제 인생이 이랬습니다,
항상 악과 선의 사이를 왔다 갔다 했죠.
믿고, 의심하고, 웃고, 울고 그리고 난 실수를 했죠.
난 실수를 했죠...

난 실수를 했죠...

어휘 및 문법

- a pesar de: ~에도 불구하고 (= pese a)
- cuesta arriba: [관용어] 힘이 들다, 곤란하다
- la gana: 의지   – Tengo ganas de … ~하고 싶다
  – Tengo ganas de bailar. 춤추고 싶어요.
- paso a paso: 차츰차츰
- el infierno: 지옥
- al borde de: ~의 바로 곁에
- de nuevo: 다시
- empezara: empezar (시작하다)의 접속법 불완료 과거 1, 3인칭 단수
  (접속법 불완료 과거형: empezara, empezaras, empezara, empezáramos, empezárais, empezaran)
  si + 접속법 불완료 과거형 + 가능법: 만약 ~한다면 ~할텐데(현재에 대한 반대의 가정)
  Si fuera rica, compraría esta casa. 내가 부자라면 이 집을 살텐데.
- me levanté: levantarse (일어나다)의 직설법 부정과거 1인칭 단수
  (직설법 부정과거형: me levanté, te levantaste, se levantó, nos levantamos, os levantasteis, se levantaron)
- encadenó: encadenar (속박하다, 가두다)의 직설법 부정과거 3인칭 단수
  (직설법 부정과거형: encadené, encadenaste, encadenó, encadenamos, encadenasteis, encadenaron)
- me escapé: escaparse (도망치다, 빠져나가다)의 직설법 부정과거 1인칭 단수
  (직설법 부정과거형: me escapé, te escapaste, se escapó, nos escapamos, os escapasteis, se escaparon)
- poco a poco: 조금씩 조금씩
- altos y bajos: 굴곡, 흥망성쇠
- a favor: [관용어] ~을 위하여, ~에 유리한
- a la deriva: [관용어] 정처 없이 방황하여, 표류하여

- de verdad: 진실로, 정말로
- creí: creer (믿다, 생각하다)의 직설법 부정과거 1인칭 단수
  (직설법 부정과거형: creí, creíste, creyó, creímos, creísteis, creyeron)
- dudé: dudar (의심하다)의 직설법 부정과거 1인칭 단수
  (직설법 부정과거형: dudé, dudaste, dudó, dudamos, dudasteis, dudaron)
- reí: reír (웃다)의 직설법 부정과거 1인칭 단수
  (직설법 부정과거형: reí, reíste, rio, reímos, reísteis, rieron)
- lloré: llorar (울다)의 직설법 부정과거 1인칭 단수
  (직설법 부정과거형: lloré, lloraste, lloró, lloramos, llorasteis, lloraron)
- me equivoqué: equivocarse (실수하다, 틀리다)의 직설법 부정과거 1인칭 단수
  (직설법 부정과거형: me equivoqué, te equivocaste, se equivocó,
  nos equivocamos, os equivocasteis, se equivocaron)
- ser así: [관용어] 그러하다

20 Mamacita

Julio Iglesias

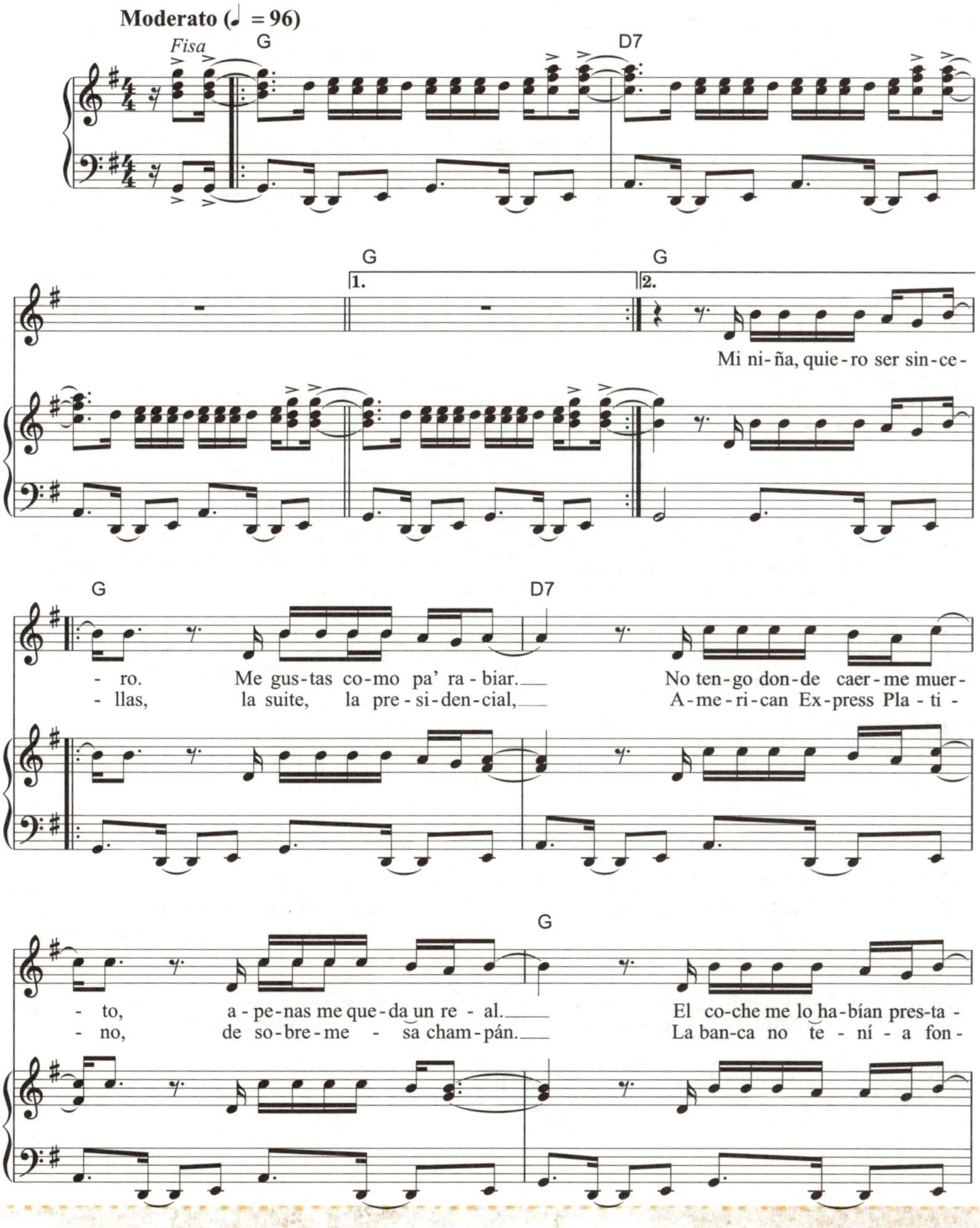
Moderato (♩ = 96)
Fisa
G
D7
G
1.
G
2.
Mi ni-ña, quie-ro ser sin-ce-
G
D7
- ro. Me gus-tas co-mo pa' ra-biar. No ten-go don-de caer-me muer-
- llas, la suite, la pre-si-den-cial, A-me-ri-can Ex-press Pla-ti-
G
- to, a-pe-nas me que-da un re-al. El co-che me lo ha-bían pres-ta-
- no, de so-bre-me-sa cham-pán. La ban-ca no te-ní-a fon-

Mamacita

Julio Iglesias

Mi niña, quiero ser sincero.
Me gustas como pa' rabiar.
No tengo donde caerme muerto,
apenas me queda un real.

El coche me lo habían prestado,
el traje y hasta el celular.
Me busca la Policía.
Me busca la Judicial.

¡Oye, mamacita, yo me enamoré!
Ahora que ya sabes todo,
¿tú qué vas a hacer?

¡Oye, mamacita, llámame de tú!
Yo no soy un chico malo,
como piensas tú. *
(*Bis)

Dormimos en un cinco estrellas,
la suite, la presidencial,
American Express Platino,
de sobremesa champán.

La banca no tenía fondos,
el bolso ni qué contar.
Propina con cheque falso,
me fui derecho al corral.

¡Oye, mamacita, yo me enamoré!
Ahora que ya sabes todo,
¿tú qué vas a hacer?

¡Oye, mamacita, llámame de tú!
Yo no soy un chico malo,
como piensas tú.*
(*Bis)

¡Oye, mama, mamacita, mira que me enamoré!
Ahora que ya sabes todo,
dime, ¿tú qué vas a hacer?*
(*Coro)

Anillo de compromiso,
la piedra descomunal.
El resto ya lo conoces,
me persigue tu papá.

Te dije que me casaba,
que yo era serio y formal.
Te dije tantas mentiras...
Soy prófugo universal.

¡Oye, mamacita, yo me enamoré!
Ahora que ya sabes todo,
¿tú qué vas a hacer?

¡Oye, mamacita, llámame de tú!
Yo no soy un chico malo,
como piensas tú.*
(*Bis)

¡Oye, mama, mamacita, mira que me enamoré!
Ahora que ya sabes todo,
dime, ¿tú qué vas a hacer?*
(*Coro)

¡Oye, mamacita, yo me enamoré!
Ahora que ya sabes todo,
¿tú qué vas a hacer?

¡Oye, mamacita, llámame de tú!
Yo no soy un chico malo,
como piensas tú.*
(*Bis)

귀여운 그녀

Julio Iglesias

나의 소녀야, 난 솔직해지고 싶어.
난 미칠 만큼 네가 너무 좋아.
난 죽었을 때 묻힐 땅도 없고,
겨우 한 푼 정도의 돈이 남아 있어.

차도 빌린 거고,
옷이랑 핸드폰까지 빌린 거야.
경찰은 날 찾고 있어.
사법부도 날 추적하고 있지.

아이, 귀여운 그녀야, 난 사랑에 빠졌어!
지금 넌 이미 다 알고 있잖아,
넌 앞으로 어떻게 할 거야?

아이, 귀여운 그녀야, 나를 "너" 라고 불러줘!
난 나쁜 사내가 아니야,
네가 생각하는 것처럼. *
(*반복)

우리는 5성급 호텔에서 잤어,
제일 좋은 스위트룸에서 잤지,
American Express Platinum 신용카드로 결제하고,
식전주 샴페인도 있었지.

은행엔 잔고가 없었고,
내 지갑 잔고는 말할 것도 없었지.
위조지폐로 팁을 주고
난 감옥으로 직행했어.

아이, 귀여운 그녀야, 난 사랑에 빠졌어!
지금 넌 이미 다 알고 있잖아,
넌 앞으로 어떻게 할 거야?

아이, 귀여운 그녀야, 나를 "너" 라고 불러줘!
난 나쁜 사내가 아니야,
네가 생각하는 것처럼. *
(*반복)

아이, 귀여운 그녀야, 내가 사랑에 빠진 걸 좀 봐줘!
지금 넌 이미 다 알고 있잖아,
넌 앞으로 어떻게 할 거야? 말해줘.
(*코러스)

약혼반지,
거대한 보석.
나머지 이야기는 네가 이미 잘 알잖아,
네 아빠가 날 쫓고 있어.

네게 너와 결혼한다고 말했잖아,
난 진지하고 반듯한 사람이라고.
네게 참 많은 거짓말을 했어…
난 전 세계적인 도망자야

아이, 귀여운 그녀야, 난 사랑에 빠졌어!
지금 넌 이미 다 알고 있잖아,
넌 앞으로 어떻게 할 거야?

아이, 귀여운 그녀야, 나를 "너" 라고 불러줘!
난 나쁜 사내가 아니야,
네가 생각하는 것처럼. *
(*반복)

아이, 귀여운 그녀야, 내가 사랑에 빠진 걸 좀 봐줘!
지금 넌 이미 다 알고 있잖아,
넌 앞으로 어떻게 할 거야? 말해줘.
(*코러스)

아이, 귀여운 그녀야, 난 사랑에 빠졌어!
지금 넌 이미 다 알고 있잖아,
넌 앞으로 어떻게 할 거야?

아이, 귀여운 그녀야, 나를 "너" 라고 불러줘!
난 나쁜 사내가 아니야,
네가 생각하는 것처럼. *
(*반복)

어휘 및 문법

- sincero/a: 성실한, 솔직한, 진실한
- rabiar: 미치다, 격노하다, 괴로워하다
  (직설법 현재형: rabio, rabias, rabia, rabiamos, rabiáis, rabian)
- apenas: 겨우, 단지
- el real: 레알(은화)
- prestado: prestar (빌려주다, 꾸어 주다)의 과거 분사형
  (직설법 현재형: presto, prestas, presta, prestamos, prestáis, prestan)
- Judicial: 사법부 (Policía Judicial)
- me enamoré: enamorarse (사랑에 빠지다, 반하다)의 직설법 부정과거형 1인칭 단수
  (직설법 부정과거형; me enamoré, te enamoraste, se enamoró,
   nos enamoramos, os enamorasteis, se enamoraron)
- ahora que: ~한 이상, ~한 지금
- llama: llamar (부르다)의 직설법 현재 3인칭 단수
  (직설법 현재형: llamo, llamas, llama, llamamos, llamáis, llaman)
  llámame: 나를 불러줘(명령형)
- la sobremesa: 식탁보, 식후의 잠깐 동안
  de sobremesa: 식후에 (식탁에서 바로 일어나지 않고)
- el champán: 샴페인
- el fondo: 자산, 자금
- el anillo de compromiso: 약혼반지
- descomunal: 굉장한, 거대한
- persigue: perseguir (쫓다, 추적하다)의 직설법 현재 3인칭 단수
  (직설법 현재형: persigo, persigues, persigue, perseguimos, perseguís,
   persiguen)
- la mentira: 거짓말
- el prófugo: 도망자

Juanes
후아네스

Juanes: "Juanes" es el nombre artístico de Juan Esteban Aristizábal Vásquez, nacido en Colombia en el año 1972. Su nombre artístico es, en realidad, su apodo de infancia y es el resultado de combinar su primer nombre (Juan) con la primera sílaba de su segundo nombre (Esteban).

Juanes es un cantante de música pop y rock que fusiona diversos ritmos musicales, pero también es un reconocido compositor, arreglista y productor musical. Su padre y sus cinco hermanos le enseñaron música y a tocar la flauta y la guitarra cuando era niño. Empezó su carrera como cantante en el año 1987 y, desde entonces, ha vendido más de 15 millones de álbumes y 10 millones de sencillos (singles) en todo el mundo.

후아네스: "후아네스"는 1972년에 콜롬비아에서 태어난 후안 에스떼반 아리스띠사발 바스께스의 예명이다. 사실 그의 예명은 유년 시절의 별명이며 첫 번째 이름(후안)과 두 번째 이름(에스떼반)의 첫 음절을 조합한 것이다. 후아네스는 다양한 음악 리듬을 혼합하는 팝 음악과 락 음악의 가수이지만, 또한 작곡가, 편곡자, 그리고 음반 제작자로도 알려져 있다. 그의 아버지와 다섯 형제들은 그가 어렸을 때 음악과 플룻과 기타 치는 법을 가르쳤다. 1987년에 가수로서의 경력이 시작되었으며, 그 때부터 전 세계적으로 천오백만 장의 앨범과 천 만장의 싱글 앨범 판매고를 올렸다.

21 La camisa negra

Juanes

Ten-go la ca-mi-sa ne-gra hoy mi a-mor es-tá de

La camisa negra

Juanes

Tengo la camisa negra,
hoy mi amor está de luto.
Hoy tengo en el alma una pena
y es por culpa de tu embrujo.

Hoy sé que tú ya no me quieres,
y eso es lo que más me hiere.
Que tengo la camisa negra
y una pena que me duele.

Mal parece que solo me quedé,
y fue pura todita tu mentira.
¡Qué maldita mala suerte la mía
que aquel día te encontré!

Por beber del veneno malevo de tu amor
yo quedé moribundo y lleno de dolor.
Respiré de ese humo amargo de tu adiós,
y desde que tú te fuiste yo solo tengo…

Tengo la camisa negra
porque negra tengo el alma.

Yo por ti perdí la calma
y casi pierdo hasta mi cama.

Cama, cama, *caman** baby...
Te digo con disimulo
que tengo la camisa negra
y debajo tengo el difunto.

(¡*Pa' enterrártelo cuando quieras, bonita!*)
(¡*Así como lo oyes!*)

Tengo la camisa negra,
ya tu amor no me interesa.
Lo que ayer me supo a gloria,
hoy me sabe a pura...
Miércoles por la tarde y tú que no llegas,
ni siquiera muestras señas.
Y yo con la camisa negra
y tus maletas en la puerta.

Mal parece que solo me quedé,
y fue pura todita tu mentira.
¡Qué maldita mala suerte la mía
que aquel día te encontré!

* come on

Por beber del veneno malevo de tu amor
yo quedé moribundo y lleno de dolor.
Respiré de ese humo amargo de tu adiós,
y desde que tú te fuiste yo solo tengo...

Tengo la camisa negra
porque negra tengo el alma.
Yo por ti perdí la calma
y casi pierdo hasta mi cama.

Cama, cama, *caman baby*...
Te digo con disimulo
que tengo la camisa negra
y debajo tengo el difunto.

Tengo la camisa negra
porque negra tengo el alma.
Yo por ti perdí la calma
y casi pierdo hasta mi cama.

Cama, cama, *caman baby*...
Te digo con disimulo
que tengo la camisa negra
y debajo tengo el difunto.

검은색 셔츠

Juanes

내 셔츠는 검은 색이야
오늘 내 사랑은 상복을 입고 있어.
오늘 내 마음에는 슬픔이 있어
이건 네가 네 매력에 빠지게 했기 때문이야.

오늘 난 알아, 네가 날 더 이상 사랑하지 않음을
그것이 날 가장 상처받게 해.
내 셔츠는 검은 색이고
슬픔으로 고통스러워.

내가 혼자 남은 것이 잘못된 것 같아
전부, 완전히 너의 거짓말 때문이었어.
난 참 운도 더럽게 없지
너를 처음 만난 그 날!

네 사랑의 사악한 독을 마시고
난 혼수상태에 빠졌고, 아픔으로 가득해.
네 작별 인사의 그 쓴 연기를 마셨고,
네가 떠난 이후로 내게 남은 건 단지…

내 셔츠는 검은 색이야
왜냐하면 내 마음이 검게 타버렸기 때문이지.
너 때문에 난 냉정을 잃었어
그리고 거의 잠도 못자.

컴온 컴온 컴온 베이비
네게 살며시 말할게
내 셔츠는 검은 색이고
셔츠 밑에는 죽어버린 내가 있어.

(내 사랑아, 네가 원하는 때에 묻을 수 있도록!)
(이렇게, 네가 듣는 대로!)

내 셔츠는 검은 색이야
이제 네 사랑에는 관심이 없어.
어제 나에게 환희처럼 느껴졌던 것은
오늘은 완전 별로인 맛으로 느껴져
넌 수요일 오후까지 나타나지 않아,
조짐조차 보이지 않아.
그리고 내 셔츠는 검은 색이고
너의 가방은 문 앞에 두었어.

내가 혼자 남은 것이 잘못된 것 같아
전부, 완전히 너의 거짓말이었어.
난 참 운도 더럽게 없지
너를 처음 만난 그 날!

네 사랑의 사악한 독을 마시고
난 혼수상태에 빠졌고, 아픔으로 가득해.
네 작별 인사의 그 쓴 연기를 마셨어
네가 떠난 이후로 내게 남은 건 단지...

내 셔츠는 검은 색이야
왜냐하면 내 마음이 검게 타버렸기 때문이지.
너 때문에 난 냉정을 잃었어
그리고 거의 잠도 못자.

컴온 컴온 컴온 베이비
네게 살며시 말할게
내 셔츠는 검은 색이고
셔츠 밑에는 죽어버린 내가 있어.

내 셔츠는 검은 색이야
왜냐하면 내 마음이 검게 타버렸기 때문이지.
너 때문에 난 냉정을 잃었어
그리고 거의 잠도 못자.

컴온 컴온 컴온 베이비
네게 살며시 말할게
내 셔츠는 검은 색이고
셔츠 밑에는 죽어버린 내가 있어.

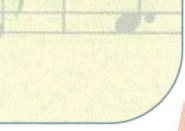

어휘 및 문법

- estar de luto: 상(喪) 중에 있다
  luto: 상(喪), 슬픔, 탄식
- por culpa de: ~ 때문에, ~ 탓으로
- el embrujo: 요술, 현혹, 매혹
- hiere: herir (상처를 입히다, 마음 아프게 하다)의 직설법 현재 3인칭 단수
  (직설법 현재형: hiero, hieres, hiere, herimos, herís, hieren)
- duele: doler (아프게 하다)의 직설법 현재 3인칭 단수
  Me duele la cabeza. (나의) 머리가 아프다.
- todita: 완전한, 모든, 전부 (toda의 축약형)
- maldito/a: 싫은, 지긋지긋한, 불쾌한, 사악한
- malevo: 사악한 (malevo/a)
- moribundo: 죽어가는, 위독한 (el moribundo, la moribunda, moribundo/a)
- respiré: respirar (숨 쉬다)의 직설법 부정과거 1인칭 단수
  (직설법 부정과거형: respiré, respiraste, respiró, respiramos, respirasteis, respiraron)
- amargo/a: 쓴, 고통스러운
- caman: "come on", 'cama'는 스페인어로 '침대'이므로 'caman'은 침대로 오라는 뜻의 말장난입니다.
- con disimulo: [관용어] 가만히, 슬쩍, 모른 척하고
- el difunto: 고인, 죽은 사람(la difunta)
- saber a gloria: 환희/영광으로 느껴지다, 꿀맛이다
- saber a pura...: 불쾌한 의도의 말이 생략된 것으로 '완전 별로인'의 뜻을 나타냄
- ni siquiera: ~조차도 아닌

22 Fotografía

Juanes

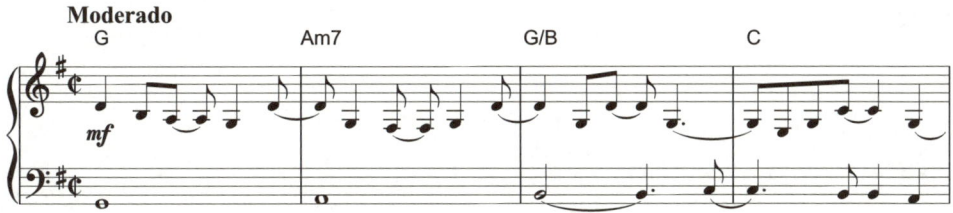
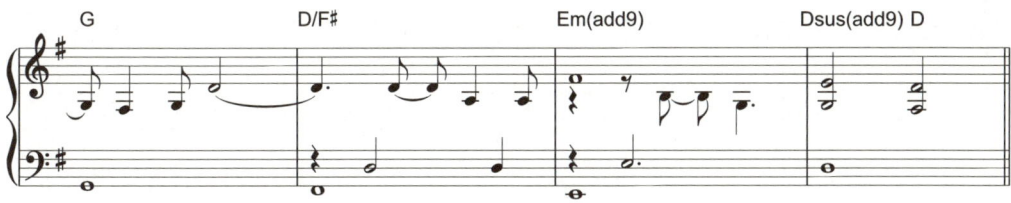

Ca - da vez que yo me voy, lle-vo a un la - do de mi piel

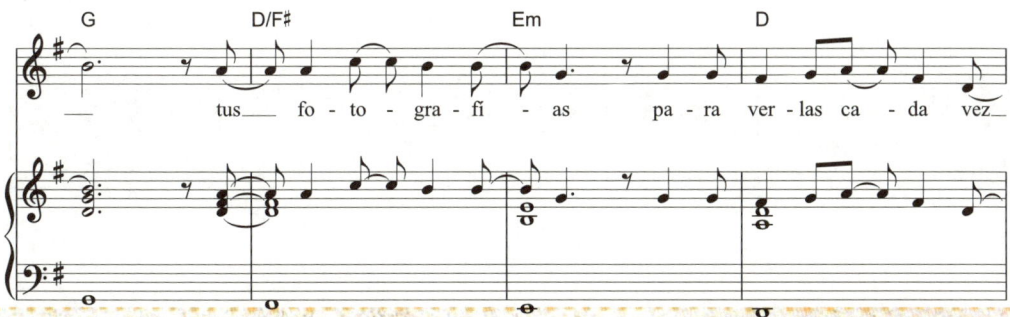

tus fo - to - gra - fí - as pa - ra ver - las ca - da vez

233

Fotografía

Juanes

Cada vez que yo me voy,
llevo a un lado de mi piel
tus fotografías
para verlas cada vez
que tu ausencia me devora entero el corazón,
y yo no tengo remedio
más que amarte.

Y en la distancia te puedo ver
cuando tus fotos me siento a ver.
Y en las estrellas tus ojos ver
cuando tus fotos me siento a ver.

Cada vez que te busco te vas,
y cada vez que te llamo no estás.
Es por eso que debo decir
que tú solo en mis fotos estás.

Cada vez que te busco te vas,
y cada vez que te llamo no estás.
Es por eso que debo decir
que tú solo en mis fotos estás.

Cuando hay un abismo desnudo
que se opone entre los dos

yo me valgo del recuerdo taciturno de tu voz.
Y de nuevo siento enfermo este corazón
que no le queda remedio
más que amarte.

Y en la distancia te puedo ver
cuando tus fotos me siento a ver.
Y en las estrellas tus ojos ver
cuando tus fotos me siento a ver.

Cada vez que te busco te vas,
y cada vez que te llamo no estás.
Es por eso que debo decir
que tú solo en mis fotos estás.

Cada vez que te busco te vas,
y cada vez que te llamo no estás.
Es por eso que debo decir
que tú solo en mis fotos estás.

Cada vez que te busco te vas,
y cada vez que te llamo no estás.
Es por eso que debo decir
que tú solo en mis fotos estás.

Cada vez que te busco te vas,
y cada vez que te llamo no estás.
Es por eso que debo decir
que tú solo en mis fotos estás.*
(*Bis)

사진

Juanes

난 집을 나설 때 마다
너의 사진을
내 몸에 지녀
너의 부재가 내 심장을 통째로 삼킬 때마다
너의 사진들을 보기 위해
그리고 너를 사랑하는 것 외에
다른 치료약은 없어.

멀리서도 난 널 볼 수 있어,
네 사진을 앉아서 보고 있으면.
별들을 보면서 네 눈을 떠올려,
네 사진을 앉아서 보고 있으면.

널 찾을 때마다 넌 떠나버려,
그리고 너를 부를 때마다 넌 자리에 없어.
그래서 난 말하게 되지
넌 오직 내 사진 속에만 있다고.

널 찾을 때마다 넌 떠나버려,
그리고 너를 부를 때마다 넌 자리에 없어.
그래서 난 말하게 되지
넌 오직 내 사진 속에만 있다고.

우리 사이를 가로막고 있는
거대한 장벽이 있을 때면

난 네 목소리의 쓸쓸한 기억을 떠올려
그리고 다시 내 심장이 아파와
너를 사랑하는 것 외에
다른 치료약은 없어.

멀리서도 난 널 볼 수 있어,
네 사진을 앉아서 보고 있으면.
별들을 보면서 네 눈을 떠올려,
네 사진을 앉아서 보고 있으면.

널 찾을 때마다 넌 떠나버려,
그리고 너를 부를 때마다 넌 자리에 없어.
그래서 난 말하게 되지
넌 오직 내 사진 속에만 있다고.

널 찾을 때마다 넌 떠나버려,
그리고 너를 부를 때마다 넌 자리에 없어.
그래서 난 말하게 되지
넌 오직 내 사진 속에만 있다고.

널 찾을 때마다 넌 떠나버려,
그리고 너를 부를 때마다 넌 자리에 없어.
그래서 난 말하게 되지
넌 오직 내 사진 속에만 있다고.

널 찾을 때마다 넌 떠나버려,
그리고 너를 부를 때마다 넌 자리에 없어.
그래서 난 말하게 되지
넌 오직 내 사진 속에만 있다고. *
(*반복)

어휘 및 문법

- cada vez que: ~할 때마다, ~할 때는 언제나
- a un lado de: ~의 옆에
- la piel: 피부, 살갗
- la ausencia: 부재, 결여
- devora: devorar (먹다, 파괴하다)의 직설법 현재 3인칭 단수
  (직설법 현재형: devoro, devoras, devora, devoramos, devoráis, devoran)
- no tener/quedar remedio más que + 동사원형: ~하지 않을 수 없다, 아무래도 ~해야만 한다
  remedio: 대책, 수단, 방법
- en la distancia: 멀리서
- me siento: sentarse (앉다)의 직설법 현재 1인칭 단수
  (직설법 현재형: me siento, te sientas, se sienta, nos sentamos, os sentáis, se sientan)
- el abismo: 심연, 심해, 큰 깊이
- desnudo/a: 벌거벗은, 숨김없는
- valgo: valer (가치가 있다)의 직설법 현재 1인칭 단수
  (직설법 현재형: valgo, vales, vale, valemos, valéis, valen)
  valerse de: [관용어] ~를 의지하다, 믿다

23 La paga

Juanes

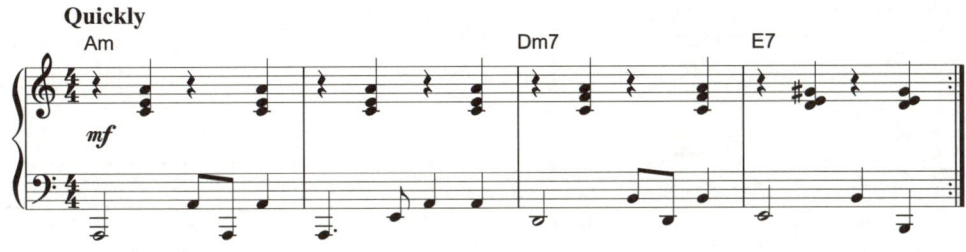
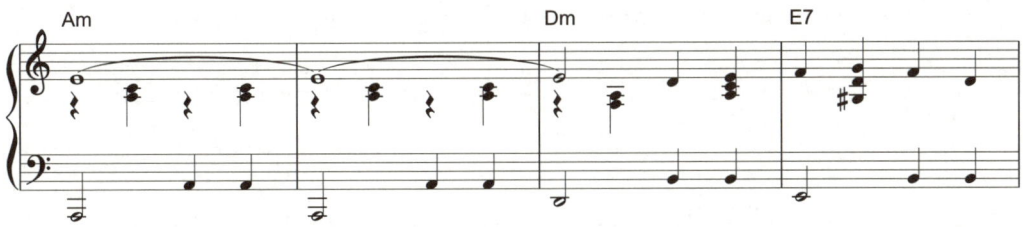
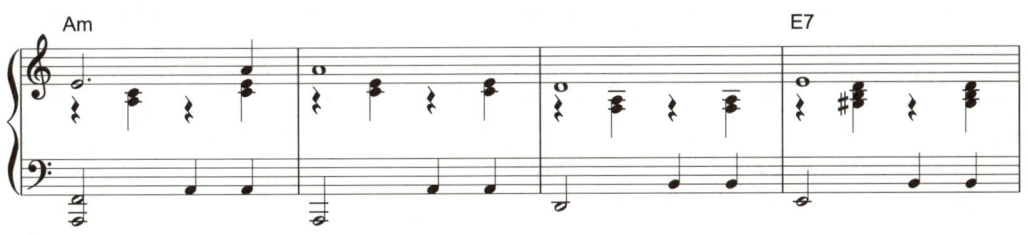

A - yer me di - jis - te que tú me que - rí - as, pe - ro to - do fue men -
Si tú no me quie - res, di - me lo que sien - tes, pe - ro dí - me - lo de

241

La paga

Juanes

Ayer me dijiste que tú me querías,
pero todo fue mentira.
Ayer me dijiste que tú me querías,
pero todo fue mentira.

Ayer tú heriste la vida mía,
y qué grande fue la herida.
Ayer tú heriste la vida mía
y qué grande fue la herida.

(¡Ay, Dios!)

Si tú no me quieres, dime lo que sientes,
pero dímelo de frente.
Si tú no me quieres, dime lo que sientes,
pero dímelo de frente.

Que a mí lo que me da rabia es eso
de no saber lo que sientes.
Que a mí lo que me da rabia es eso
de no saber lo que sientes.

Y si tú me pagas con eso,
yo ya no te doy más de esto, amor.
Si tú me pagas con eso,
yo ya no te doy más de esto, amor.

Si tú me pagas con eso,
yo ya no te doy más de esto, amor.
Si tú me pagas con eso,
yo ya no te doy más de esto...

Ayer me dijiste que tú volverías,
pero todo fue mentira.
Ayer me dijiste que tú volverías,
pero todo fue mentira.

Ayer tú dijiste mil tonterías
que acabaron con mi vida.
Ayer tú dijiste mil tonterías
que acabaron con mi vida.

Y si tú me pagas con eso,
yo ya no te doy más de esto, amor.
Si tú me pagas con eso,
yo ya no te doy más de esto, amor.

Si tú me pagas con eso,
yo ya no te doy más de esto, amor.

Si tú me pagas con eso,
yo ya no te doy más de esto, amor.

Yo ya no te doy más de esto, amor.

¡No, no! ¡No, no!

Yo ya no te doy más de esto, amor.

Yo ya no te doy más de esto, amor.

Si tú me pagas con eso,
yo ya no te doy más de esto...

Te di lo que tuve solo por un beso
y no conseguí ni eso.
Te di lo que tuve solo por un beso
y no conseguí ni eso.

Mentira, mentira, mentira, mentira...
¡Todo lo tuyo es mentira!
Mentira, mentira, mentira, mentira...
¡Todo lo tuyo es mentira!

Y si tú me pagas con eso,
yo ya no te doy más de esto, amor.
Si tú me pagas con eso,

yo ya no te doy más de esto, amor.

Si tú me pagas con eso,
yo ya no te doy más de esto, amor.
Si tú me pagas con eso,
yo ya no te doy más de esto, amor.

Yo ya no te doy más de esto, amor.

¡No, no, no!

Yo ya no te doy más de esto, amor.

Yo ya no te doy más de esto, amor.

Si tú me pagas con eso,
yo ya no te doy más de esto, amor.

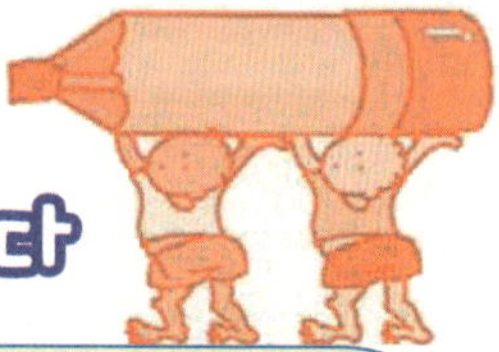

가사를 익힙시다

사랑의 대가

Juanes

어제 넌 날 사랑한다고 했지,
하지만 모든 것이 거짓말이었어.
어제 넌 날 사랑한다고 했지,
하지만 모든 것이 거짓말이었어.

어제 넌 내 인생에 상처를 줬어,
그리고 그 상처가 얼마나 컸는지.
어제 넌 내 인생에 상처를 줬어,
그리고 그 상처가 얼마나 컸는지.

(아, 신이시여!)

만약 네가 날 사랑하지 않는다면, 네가 뭘 느끼는지 말해줘,
하지만 내 앞에서 직접 말해야 해.
만약 네가 날 사랑하지 않는다면, 네가 뭘 느끼는지 말해줘,
하지만 내 앞에서 직접 말해야 해.

나를 가장 화나게 하는 것은
네 감정이 어떤지 모르는 것이야.
나를 가장 화나게 하는 것은
네 감정이 어떤지 모르는 것이야.

그리고 네가 이런 식으로 보답하면
너에게 더 이상 사랑을 주지 않을거야
네가 이런 식으로 보답하면
너에게 더 이상 사랑을 주지 않을거야

네가 이런 식으로 보답하면
너에게 더 이상 사랑을 주지 않을거야
네가 이런 식으로 보답하면
너에게 더 이상 사랑을 주지 않을거야

어제 넌 나에게 다시 돌아올 거라고 말했지,
하지만 모든 것이 거짓말이었어.
어제 넌 나에게 다시 돌아올 거라고 말했지,
하지만 모든 것이 거짓말이었어.

어제 넌 말도 안 되는 수천 가지의 변명들을 늘어놓았고,
내 인생에 큰 상처를 줬어.
어제 넌 말도 안 되는 수천 가지의 변명들을 늘어놓았고,
내 인생에 큰 상처를 줬어.

그리고 네가 이런 식으로 보답하면
너에게 더 이상 사랑을 주지 않을거야
네가 이런 식으로 보답하면
너에게 더 이상 사랑을 주지 않을거야

네가 이런 식으로 보답하면
너에게 더 이상 사랑을 주지 않을거야
네가 이런 식으로 보답하면
너에게 더 이상 사랑을 주지 않을거야

너에게 더 이상 사랑을 주지 않을거야

안 해, 안 해! 안 해, 안 해!

너에게 더 이상 사랑을 주지 않을거야

너에게 더 이상 사랑을 주지 않을거야

네가 이런 식으로 보답하면
너에게 더 이상 사랑을 주지 않을거야

난 단 한 번의 키스를 위해 내가 가진 것들을 네게 줬지만
그것조차 얻지 못했어.
난 단 한 번의 키스를 위해 내가 가진 것들을 네게 줬지만
그것조차 얻지 못했어.

거짓말, 거짓말, 거짓말, 거짓말...
너의 모든 것은 거짓말이었어!
거짓말, 거짓말, 거짓말, 거짓말...
너의 모든 것은 거짓말이었어!

그리고 네가 이런 식으로 보답하면
너에게 더 이상 사랑을 주지 않을거야
네가 이런 식으로 보답하면
너에게 더 이상 사랑을 주지 않을거야

네가 이런 식으로 보답하면
너에게 더 이상 사랑을 주지 않을거야

네가 이런 식으로 보답하면
너에게 더 이상 사랑을 주지 않을거야

너에게 더 이상 사랑을 주지 않을거야

안 해, 안 해! 안 해, 안 해!

너에게 더 이상 사랑을 주지 않을거야

너에게 더 이상 사랑을 주지 않을거야

네가 이런 식으로 보답하면
너에게 더 이상 사랑을 주지 않을거야

어휘 및 문법

- **heriste**: herir (상처를 입히다, 마음 아프게 하다)의 직설법 부정과거 2인칭 단수
  (직설법 부정과거형: herí, heriste, hirió, herimos, heristeis, hirieron)
- **la herida**: 상처, 부상
- **de frente**: 정면에서, 솔직히, 단호히
- **dar rabia**: 화나게 하다
- **pagas**: pagar (내다, 보답하다, 갚다)의 직설법 현재 2인칭 단수
  (직설법 현재형: pago, pagas, paga, pagamos, pagáis, pagan)
- **volverías**: volver (돌아오다)의 가능법 2인칭 단수
  (가능법: volvería, volverías, volvería, volveríamos, volveríais, volverían)
- **la tontería**: 바보 같은 소리, 어리석은 소리
- **acabaron**: acabar (끝내다, 완성하다)의 직설법 부정과거 3인칭 복수
  (직설법 부정과거형: acabé, acabaste, acabó, acabamos, acabasteis, acabaron)
  acabar con: [관용어] ~을 잃다, 없애다
- **di**: dar (주다)의 직설법 부정과거 1인칭 단수
  (직설법 부정과거형: di, diste, dio, dimos, disteis, dieron)
- **conseguí**: conseguir (얻다, 달성하다)의 직설법 부정과거 1인칭 단수
  (직설법 부정과거형: conseguí, conseguiste, consiguió, conseguimos, conseguisteis, consiguieron)
- **todo lo tuyo**: 너의 모든 것

Volverte a ver

Juanes

Volverte a ver

Juanes

Daría lo que fuera por volverte a ver.
Daría hasta mi vida y mi fusil, mis botas y mi fe.
Por eso, en la trinchera de mi soledad
tus ojos son mi luz y tu esplendor mi corazón.

Y si no fuera por ti, yo no podría vivir
en el vacío de estos días de no saber.
Y si no fuera por ti, yo no sería feliz
como lo soy cuando con tus besos me veo partir.

Y es que solo con saber que al regresar
tu esperarás por mí
aumentan los latidos de mi corazón.

Volverte a ver es todo lo que quiero hacer.
Volverte a ver para poderme reponer.

Porque sin ti, mi vida, yo no soy feliz.
Porque sin ti, mi vida no tiene raíz,
(ni) una razón para vivir.

Lo único que quiero es poder regresar,
poder todas las balas esquivar y sobrevivir.
Tu amor es mi esperanza y tú mi munición.
Por eso, regresar a ti es mi única misión.

Y si no fuera por ti, yo no podría vivir
en el vacío de estos días de no saber.
Y si no fuera por ti, yo no sería feliz
como lo soy cuando con tus besos me veo partir.

Y es que solo con saber que al regresar
tu esperarás por mí
aumentan los latidos de mi corazón.

Volverte a ver es todo lo que quiero hacer.
Volverte a ver para poderme reponer.

Porque sin ti, mi vida, yo no soy feliz.
Porque sin ti, mi vida no tiene raíz,
(ni) una razón para vivir.

Eres todo lo que tengo.
No me quiero morir
sin poder otra vez
volverte a ver...

Porque sin ti, mi vida, yo no soy feliz.
Porque sin ti, mi vida no tiene raíz.

Volverte a ver es todo lo que quiero hacer.
Volverte a ver para poderme reponer.

Porque sin ti, mi vida, yo no soy feliz.
Porque sin ti, mi vida no tiene raíz
ni una razón para vivir.

가사를 익힙시다

너를 다시 보는 것

Juanes

너를 다시 볼 수만 있다면 모든 걸 다 주겠어.
내 생명과 내 총, 내 군화 그리고 내 믿음까지.
그러기에 나의 고독함의 참호 속에선
너의 눈은 나에게 빛이고, 너의 광채는 내 심장이야.

그리고 만약 네가 아니었더라면,
알 수 없는 요즘 같은 날들의 공허함 속에서 난 살 수 없을 거야.
그리고 만약 네가 아니었더라면,
내가 너의 입맞춤으로 작별할 때처럼 난 행복하지 않을 거야.

그리고 내가 돌아갈 때
네가 나를 기다릴 거라는 사실을 아는 것만으로도
나의 심장의 맥박은 더욱 빠르게 뛰어.

너를 다시 보는 것, 그게 내가 하고 싶은 전부야.
너를 다시 보는 것, 그래야 재충전 할 수 있어.

왜냐하면 네가 없이는, 내 삶은, 나는 행복할 수 없는 걸.
왜냐하면 네가 없이는, 내 삶은 뿌리도 없고,
살아야 할 이유도 없어.

내가 가장 원하는 건 돌아가는 것이야,
모든 총알을 피하고 살아남는 것이야.
너의 사랑은 나에겐 희망이고, 너는 내 무기인 걸.
그래서, 너에게 돌아가는 것만이 나의 유일한 목적인 걸.

그리고 만약 네가 아니었더라면,
알 수 없는 요즘 같은 날들의 공허함 속에서 난 살 수 없을 거야.
그리고 만약 네가 아니었더라면,
내가 너의 입맞춤으로 작별할 때처럼 난 행복하지 않을 거야.

그리고 내가 돌아갈 때
네가 나를 기다릴 거라는 사실을 아는 것만으로도
나의 심장의 맥박은 더욱 빠르게 뛰어.

너를 다시 보는 것, 그게 내가 하고 싶은 전부야.
너를 다시 보는 것, 그래야 재충전 할 수 있어.

왜냐하면 네가 없이는, 내 삶은, 나는 행복할 수 없는 걸.
왜냐하면 네가 없이는, 내 삶은 뿌리도 없고,
살아야 할 이유도 없어.

넌 내가 가지고 있는 것의 전부야.
난 죽고 싶지 않아.
너를 다시 보기 전에는…

왜냐하면 네가 없이는, 내 삶은, 나는 행복할 수 없는 걸.
왜냐하면 네가 없이는, 내 삶은 뿌리도 없어.

너를 다시 보는 것, 그게 내가 하고 싶은 전부야.
너를 다시 보는 것, 그래야 재충전 할 수 있어.

왜냐하면 네가 없이는, 내 삶은, 나는 행복할 수 없는 걸.
왜냐하면 네가 없이는, 내 삶은 뿌리도 없고
살아야 할 이유도 없어.

어휘 및 문법

- daría: dar (주다)의 가능법 1, 3인칭 단수
  (가능법: daría, darías, daría, daríamos, daríais, darían)
- lo que fuera: 무엇이 됐든, 뭐든지
  (fuera: ser (이다)의 접속법 과거 1, 3인칭 단수)
- el fusil: 총, 소총
- la bota: 장화, 부츠
- bota militar: 군화
- la trinchera: 참호
- el esplendor: 화려함, 빛남, 광채
- sería: ser (이다)의 가능법 1, 3인칭 단수
  (가능법: sería, serías, sería, seríamos, seríais, serían)
- partir: 나누다, 떠나다
  (직설법 현재형: parto, partes, parte, partimos, partís, parten)
- podría: poder (~할 수 있다)의 가능법 1, 3인칭 단수
  (가능법: podría, podrías, podría, podríamos, podríais, podrían)
- el vacío: 공허함, 빈 틈
- al + 동사원형: ~할 때 (al regresar: 돌아갈 때)
- esperarás: esperar (기다리다, 희망하다)의 직설법 미래 2인칭 단수
  (직설법 미래형: esperaré, esperarás, esperará, esperaremos, esperaréis, esperarán)
- aumentan: aumentar (늘다, 증가하다)의 직설법 현재 3인칭 복수
  (직설법 현재형: aumento, aumentas, aumenta, aumentamos, aumentáis, aumentan)
- el latido: 심장 박동, 맥박
- reponer: 원상으로 복귀하다, 보충하다, 재충전하다
  (직설법 현재형: repongo, repones, repone, reponemos, reponéis, reponen)
- la raíz: 뿌리
- la bala: 총알

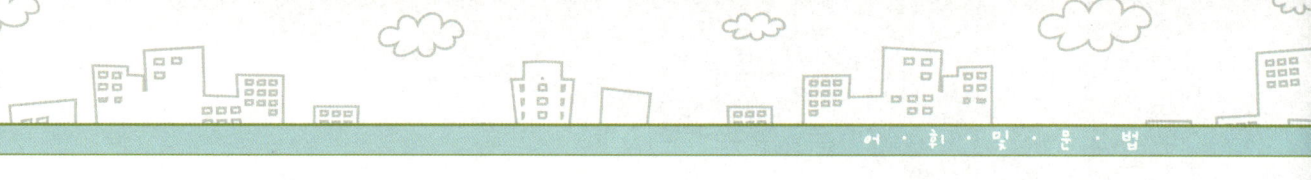

- esquivar: 피하다, 비키다
  (직설법 현재형: esquivo, esquivas, esquiva, esquivamos, esquiváis, esquivan)
- sobrevivir: 살아남다
  (직설법 현재형: sobrevivo, sobrevives, sobrevive, sobrevivimos, sobrevivís, sobreviven)
- la munición: 군수품, 탄약
- la misión: 사명, 임무

Jennifer López
제니퍼 로페스

Jennifer López: su nombre completo es Jennifer Lynn López Rodríguez y nació en Nueva York en 1969, aunque es de origen puertorriqueño. Es internacionalmente reconocida por su talento artístico como cantante, bailarina y actriz, pero también por ser una productora y empresaria de éxito, además de diseñadora de moda. Su apodo en el mundo del espectáculo es "J.Lo". Su fortuna personal supera los 250 millones de dólares y es la artista latina con mayor influencia en los Estados Unidos, según la lista de los "Cien Hispanos Más Influyentes" (100 Most Influential Hispanics) de la revista People. Esta misma revista la eligió en el año 2011 como la "Mujer Más Bella del Mundo".

제니퍼 로페스: 완전한 이름은 제니퍼 린 로페스 로드리게스이고 푸에르토리코 계통이지만 1969년에 뉴욕에서 태어났다. 가수, 댄서, 배우와 같은 예술적 재능뿐만 아니라 제작자와 사업가, 그리고 패션 디자이너로도 널리 알려져 있다. 연예계에서의 그녀의 별명은 "J.Lo"이고 개인 재산은 2억 5천 달러를 상회하며, 피플(People) 지의 "가장 영향력 있는 백 명의 히스패닉"의 리스트에 따르면 미국에서 가장 영향력을 가진 라틴 아티스트이다. 피플 지는 2011년에 제니퍼 로페스를 "세계에서 가장 아름다운 여성"으로 선정하기도 하였다.

No me ames

Jennifer López y Marc Anthony

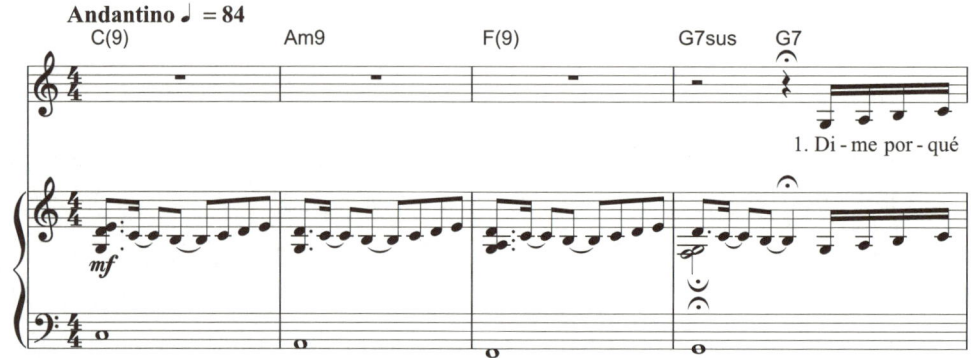

No me ames

Jennifer López y Marc Anthony

¡Dime por qué lloras!
-De felicidad.
¿Y por qué te ahogas?
-Por la soledad.
Di por qué me tomas, fuerte así, mis manos.
Y tus pensamientos te van llevando.

-¡Yo te quiero tanto!
¿Y por qué será?
-Loco testarudo. No lo dudes más.
Aunque en el futuro
haya un muro enorme,
yo no tengo miedo.
¡Quiero enamorarme!

No me ames
porque pienses que
parezco diferente.
-¿Tú no piensas que es lo justo
ver pasar el tiempo juntos?

No me ames,
que comprendo la mentira que sería.
-Si tu amor no merezco
no me ames,

mas quédate otro día.

No me ames
porque estoy perdido,
porque cambié el mundo,
porque es el destino,
porque no se puede.
Somos un espejo,
y tú así serías lo que yo de mí reflejo.

-No me ames
para estar muriendo
dentro de una guerra llena de arrepentimientos.
No me ames
para estar en tierra.
Quiero alzar el vuelo con tu gran amor
por el azul del cielo.

¡No sé qué decirte!
Esa es la verdad.
Si la gente quiere
sabe lastimar.
-Tú y yo partiremos,
ellos no se mueven.
Pero, en este cielo, sola no me dejes.

No me dejes, no me dejes.
No me escuches si te digo:
"No me ames."

-No me dejes.
No desarmes mi corazón con ese:
"No me ames."

No me ames, te lo ruego.
Mi amargura, déjame.

-Sabes bien, que no puedo, que es inútil,
que siempre te amaré.

No me ames,
pues te haré sufrir
con este corazón
que se llenó de mil inviernos.
-No me ames
para así olvidarte de tus días grises.
Quiero que me ames, solo por (amarme).

No me ames.
Tú y yo volaremos uno con el otro
y seguiremos siempre juntos.
-Este amor es como el sol que sale
tras de la tormenta,
como dos cometas en la misma estela.

No me ames.
-No, no me ames.
No me ames.

날 사랑하지 마

Jennifer López y Marc Anthony

왜 우는지 말해줘!
- 행복해서요.
그럼 왜 그렇게 통곡을 하니?
- 외로워서요.
왜 내 손을 이렇게 꼭 붙잡고 있는지 말해봐.
너는 네 생각에 사로잡혀 있어.

- 당신을 정말 사랑해요!
왜 그럴까?
- 미친 바보 멍청이. 내 사랑을 더 이상 의심하지 말아요.
비록 훗날에
커다란 장벽이 있을지라도
난 두렵지 않아요.
당신과 사랑에 빠지고 싶어요!

내가 다르다고 생각해서
나를 사랑하지 마.
- 우리 함께 시간이 흘러가는 것을 지켜보는 게
맞다고 생각하지 않아요?

날 사랑하지 마
날 사랑한단 그 말들이 다 거짓말이 될 거란 걸 알아.
- 만약 내가 당신의 사랑을 받을 자격이 없다면,
날 사랑하지 않아도 돼요.

어쨌든 하루 더 머무세요.

날 사랑하지 마,
난 갈 길을 잃어버렸어
난 세상을 바꾸었어
이게 내 운명이야,
우리 사랑은 불가능해.
우린 마치 거울 같아서
내가 보여주는 모습이 바로 네 것이 될 거야

- 후회로 가득한 전쟁 속에서
죽어가려고
날 사랑하지는 마세요.
이 세상에서 살기 위해서
날 사랑하지는 마세요
난 푸른 하늘 위로
당신의 큰 사랑과 함께 날아오르고 싶어요.

당신에게 무슨 말을 해야 할지 모르겠어!
그게 진심이야.
사람들이 원하면 상처주려 할거야.
- 당신과 나는 떠날 것이고,
그들은 움직이지 않을 거예요.
하지만 이 하늘 아래에서, 날 혼자 버려두지 마요.

날 떠나지 마, 날 떠나지 마.
"날 사랑하지 마"라는 말을
당신에게 하거든 듣지 마.

- 날 떠나지 마세요.
"날 사랑하지 마"라는 말로
내 심장을 해제시키지 마세요.

날 사랑하지 마, 너에게 애원하잖아.
내 고뇌야, 날 내버려 둬.

- 잘 알잖아요, 그럴 수 없다는 걸, 소용없다는 걸,
당신을 항상 사랑할 거라는 걸.

날 사랑하지 마.
널 아프게 할 거야
매서운 겨울로 가득 차 있는
이 심장으로.
- 당신의 슬픈 날들을 잊기 위해서
날 사랑하지 마세요.
당신이 나를 사랑하기 때문에, 나를 사랑했으면 좋겠어요.

날 사랑하지 마.
너와 나는 함께 날아오를 거야
그리고 항상 함께 할 거야.
- 이 사랑은 폭풍 뒤에 나오는
태양 같아요,
같은 궤도 안에 있는 두 개의 행성 같아요.

날 사랑하지 마.
- 아니에요, 날 사랑하지 마요.
날 사랑하지 마.

어휘 및 문법

- lloras: llorar (울다)의 직설법 현재 2인칭 단수
  (직설법 현재형: lloro, lloras, llora, lloramos, lloráis, lloran)
- la felicidad: 행복, 기쁨
- ahogas: ahogar (질식하다, 숨이 막히다)의 직설법 현재 2인칭 단수
  (직설법 현재형: ahogo, ahogas, ahoga, ahogamos, ahogáis, ahogan)
- la soledad: 고독, 외로움
- tomas: tomar (잡다, 쥐다, 받다)의 직설법 현재 2인칭 단수
  (직설법 현재형: tomo, tomas, toma, tomamos, tomáis, toman)
  tomar la mano: 손을 잡다
- el pensamiento: 사고, 생각, 의도
- ir + 현재분사: ~해 가다 (voy andando: 걸으며 간다)
- loco/a: 미친, 미친 사람
- testarudo/a: 완고한, 고집 센, 고집 센 사람
- dudes: dudar (의심하다)의 접속법 현재 2인칭 단수
  (접속법 현재형: dude, dudes, dude, dudemos, dudéis, duden)
- haya: haber (있다)의 접속법 현재 1, 3인칭 단수
  (접속법 현재형: haya, hayas, haya, hayamos, hayáis, hayan)
- el muro: 담, 벽
- ames: amar (사랑하다)의 접속법 현재 2인칭 단수
  (접속법 현재형: ame, ames, ame, amemos, améis, amen)
- pienses: pensar (생각하다)의 접속법 현재 2인칭 단수
  (접속법 현재형: piense, pienses, piense, pensemos, penséis, piensen)
- parezco: parecer (나타나다, 보이다)의 직설법 현재 1인칭 단수
  (직설법 현재형: parezco, pareces, parece, parecemos, parecéis, parecen)
- comprendo: comprender (이해하다, 납득이 가다)의 직설법 현재 1인칭 단수
  (직설법 현재형: comprendo, comprendes, comprende, comprendemos, comprendéis, comprenden)

- merezco: merecer (~을 받을만 하다)의 직설법 현재 1인칭 단수
  (직설법 현재형: merezco, mereces, merece, merecemos, merecéis, merecen)
- el destino: 운명
- el espejo: 거울
- muriendo: morir (죽다)의 현재 분사형
  (직설법 현재형: muero, mueres, muere, morimos, morís, mueren)
- el arrepentimiento: 후회
- alzar el vuelo: 날아오르다, 갑자기 떠나다
- lastimar: 다치게 하다, 상처를 입히다
  (직설법 현재형: lastimo, lastimas, lastima, lastimamos, lastimáis, lastiman)
- partiremos: partir (떠나다)의 직설법 미래 1인칭 복수
  (직설법 미래형: partiré, partirás, partirá, partiremos, partiréis, partirán)
- se mueven: moverse (움직이다, 흔들리다)의 직설법 현재 3인칭 복수
  (직설법 현재형: me muevo, te mueves, se mueve, nos movemos, os movéis, se mueven)
- dejes: dejar (놓다, 남기다, 버리다)의 접속법 현재 2인칭 단수
  (접속법 현재형: deje, dejes, deje, dejemos, dejéis, dejen)
- escuches: escuchar (듣다)의 접속법 현재 2인칭 단수
  (접속법 현재형: escuche, escuches, escuche, escuchemos, escuchéis, escuchen)
- ruego: rogar (바라다, 기원하다)의 직설법 현재 1인칭 단수
  (직설법 현재형: ruego, ruegas, ruega, rogamos, rogáis, ruegan)
- la amargura: 슬픔, 비통, 쓴 맛
- inútil: 쓸모없는, 헛된, 무익한
- amaré: amar (사랑하다)의 직설법 미래 1인칭 단수
  (직설법 미래형: amaré, amarás, amará, amaremos, amaréis, amarán)
- el invierno: 겨울

- olvidar: 잊다
  (직설법 현재형: olvido, olvidas, olvida, olvidamos, olvidáis, olvidan)
  olvidarse de: ~을 잊다
- gris: 회색
- volaremos: volar (날다)의 직설법 미래 1인칭 복수
  (직설법 미래형: volaré, volarás, volará, volaremos, volaréis, volarán)
- seguiremos: seguir (따르다, 찾아가다)의 직설법 미래 1인칭 복수
  (직설법 미래형: seguiré, seguirás, seguirá, seguiremos, seguiréis, seguirán)
- la tormenta: 폭풍우, 역경, 불운
- el cometa: 혜성
- la estela: 항적, 흔적

Shakira
샤키라

Shakira: nació en 1977 en Colombia. Su nombre completo es Shakira Isabel Mebarak Ripoll, pero desde el inicio de su carrera usa como nombre artístico Shakira, nombre que en árabe significa "agradecida". Es conocida internacionalmente en sus diferentes facetas como cantante de género pop rock latino (en español e inglés), compositora musical, productora discográfica y bailarina. Actualmente, es la artista internacional con más ventas entre los años 2000 y 2010 en España. En total, Shakira ha vendido más de 70 millones de discos en todo el mundo. Por ello, ha ganado dos premios Grammy y ocho premios Grammy Latinos.

샤키라: 1977년에 콜롬비아에서 태어났다. 그녀의 본명은 샤키라 이사벨 에바락 리포이이지만, 가수 경력 초기부터 샤키라라는 예명을 사용하는데, 이는 아랍어로 "감사하는 사람"이라는 뜻이다. 샤키라는 라틴 팝 락 장르의 가수(스페인어와 영어), 작곡가, 음반 제작자 및 댄서 등의 다양한 방면에서 국제적으로 알려져 있다. 현재 스페인에서 2000년에서 2010년 사이에 가장 많은 판매를 기록한 국제적인 아티스트이다. 샤키라는 전 세계에서 7천만 장이 넘는 음반을 판매하였으며, 그것으로 두 번의 그래미 상과 여덟 번의 라틴 그래미 상을 수상하였다.

26 Ciega, sordomuda

Shakira

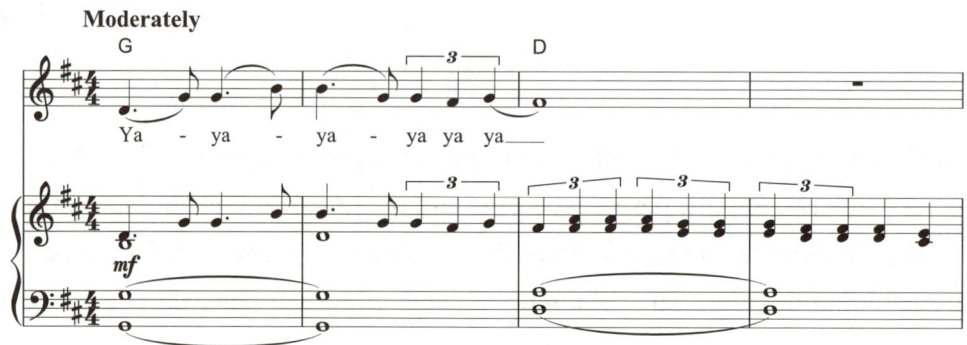
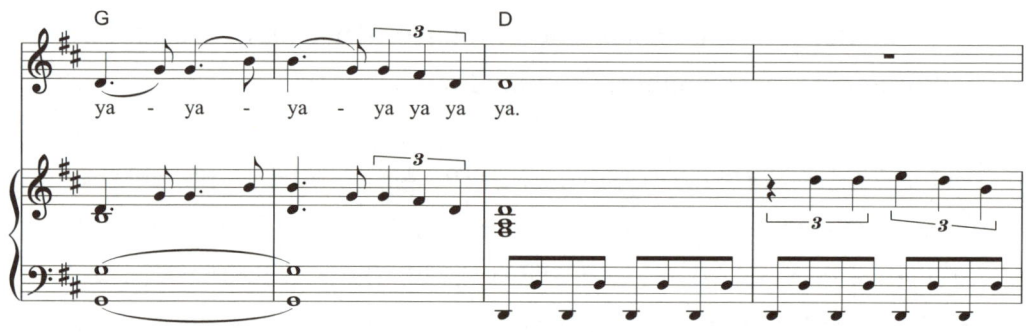

Ciega, sordomuda

Shakira

Se me acaba el argumento
y la metodología
cada vez que se aparece frente a mí
tu anatomía.

Porque este amor ya no entiende
de consejos ni razones,
se alimenta de pretextos
y le faltan pantalones.

Este amor no me permite
estar en pie
porque ya hasta me ha quebrado los talones
y aunque me levante volveré a caer.
Si te acercas nada es útil
para esta inútil.

Bruta, ciega, sordomuda,
torpe, traste, testaruda,
es todo lo que he sido.
Por ti me he convertido
en una cosa que no hace

otra cosa más que amarte.
Pienso en ti día y noche
y no sé cómo olvidarte.

¡Ya, ya, ya, ya, ya, ya ...!
¡Ya, ya, ya, ya, ya, ya ...!

¡Cuántas veces he intentado
enterrarte en mi memoria!
Y aunque dije ya no más
es otra vez la misma historia.

Porque este amor siempre sabe
hacerme respirar profundo,
ya me trae por la izquierda
y de pelea con el mundo.

Si pudiera exorcizarme de tu voz,
si pudiera escaparme de tu nombre,
si pudiera arrancarme el corazón
y esconderme para no sentirme nuevamente...

Bruta, ciega, sordomuda,
torpe, traste, testaruda,
es todo lo que he sido.
Por ti me he convertido
en una cosa que no hace

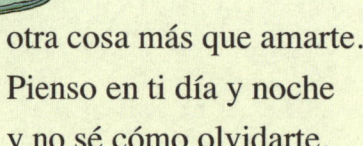

otra cosa más que amarte.
Pienso en ti día y noche
y no sé cómo olvidarte.

¡Ya, ya, ya, ya, ya, ya ...!
¡Ya, ya, ya, ya, ya, ya ...!

Ojerosa, flaca, fea, desgreñada,
torpe, tonta, lenta, necia, desquiciada,
completamente descontrolada.
Tú te das cuenta y no me dices nada.
Ves que se me ha vuelto
la cabeza un nido
donde solamente tú tienes asilo,
y no me escuchas lo que te digo.
Mira bien lo que vas a hacer conmigo.

Bruta, ciega, sordomuda,
torpe, traste, testaruda,
es todo lo que he sido.
Por ti me he convertido
en una cosa que no hace
otra cosa más que amarte.
Pienso en ti día y noche
y no sé cómo olvidarte.*
(*Bis)

눈 멀고, 귀머거리에 벙어리인 여자

Shakira

말문이 막혀요
방법도 없네요
당신의 실루엣이
내 앞에 나타날 때마다.

왜냐하면 이 사랑은
충고도 이유도 이해하지 못하기에
변명에 지쳐가고 있고
배짱도 없어요.

이 사랑은
나를 서 있게 허락하지 않아요
왜냐하면 이미 나의 발꿈치까지
골절시켰기 때문이에요
그리고 내가 일어선다고 해도, 다시 쓰러질 거에요.
당신이 온다고 해도 아무런 도움이 되지 않아요
아무 것도 못 하는 나에게는.

천하고, 눈 멀고, 귀 먹고 말 못하는
서툴고, 어리석고, 고집스런 존재
그게 나였어요.
당신 때문에
당신을 사랑하기만 하는 사람으로
난 바뀌었어요.

난 낮에도 밤에도 당신을 생각해요
당신을 어떻게 잊어야 하는지도 모르겠어요.

아, 아, 아, 아, 아, 아...!
아, 아, 아, 아, 아, 아...!

얼마나 여러 번 당신을 내 기억 속에
묻어버리려 했는지
이젠 그만이라고 말하면서도
항상 같은 일이 되풀이되죠.

왜냐하면 이 사랑은 언제나
내가 깊게 숨쉬게 하고
이미 잘못된 길로 가게하고
이 세상을 등지게 해요.

당신의 목소리를 내게서 몰아낼 수 있다면,
당신의 이름으로부터 내가 도망칠 수 있다면,
내 심장을 뽑아버릴 수 있다면
그리고 다시금 내가 감정을 느끼지 못하도록
나를 숨길 수 있다면...

천하고, 눈 멀고, 귀 먹고 말 못하는
서툴고, 어리석고, 고집스런 존재
그게 나였어요.
당신 때문에
당신을 사랑하기만 하는 사람으로
난 바뀌었어요.

난 낮에도 밤에도 당신을 생각해요
당신을 어떻게 잊어야 하는지도 모르겠어요.

*아, 아, 아, 아, 아, 아...!
아, 아, 아, 아, 아, 아...!*

다크서클이 끼고, 말라빠지고, 추하고, 헝클어지고
서툴고, 바보스럽고, 느리고, 고집 세고, 격분하고,
전혀 통제되지 않는 여자.
당신은 알고 있지만 나에게 아무 말도 하지 않네요.
당신이 보듯이 내 머리는
새 둥지로 변했어요
오직 당신만이 안식처로 삼는 곳이죠,
그리고 당신은 내가 하는 말을 듣지 않네요.
잘 보세요, 나와 함께 할 일들을요.

천하고, 눈 멀고, 귀 먹고 말 못하는
서툴고, 어리석고, 고집스런 존재
그게 나였어요.
당신 때문에
당신을 사랑하기만 하는 사람으로
난 바뀌었어요.
난 낮에도 밤에도 당신을 생각해요
당신을 어떻게 잊어야 하는지도 모르겠어요.
 (*반복)

어휘 및 문법

- el argumento: 의견, 주장, 논거
- la metodología: 방법
- aparece: aparecer (나타나다, 발견되다)의 직설법 현재 3인칭 단수
  (직설법 현재형: aparezco, apareces, aparece, aparecemos, aparecéis, aparecen)
- la anatomía: 실루엣, 모습
- entiende: entender (이해하다, 알아듣다)의 직설법 현재 3인칭 단수
  (직설법 현재형: entiendo, entiendes, entiende, entendemos, entendéis, entienden)
- el consejo: 의견, 충고, 조언
- alimenta: alimentar (영양을 공급하다, 기르다, 일으키다)의 직설법 현재 3인칭 단수
  (직설법 현재형: alimento, alimentas, alimenta, alimentamos, alimentáis, alimentan)
  alimentarse de: 먹다, 영양을 섭취하다
- el pretexto: 구실, 핑계
- faltan: faltar (~가 없다, 부족하다)의 직설법 현재 3인칭 복수
  gustar 동사와 마찬가지로 '간접 목적어 + 3인칭 단수/복수형 + 명사'의 형태로 쓰여 '~이 모자라다'의 의미를 가짐
  Nos faltan unos cinco kilómetros para llegar a Busan. 부산에 도착하려면 아직 약 5킬로미터가 남아 있다.
- permite: permitir (허가하다, 허락하다)의 직설법 현재 3인칭 단수
  (직설법 현재형: permito, permites, permite, permitimos, permitís, permiten)
- estar en pie: [관용어] 견디다
- quebrado: quebrar (깨다, 파괴하다)의 과거 분사형
  (직설법 현재형: quiebro, quiebras, quiebra, quebramos, quebráis, quiebran)

- el talón: 발뒤꿈치
- te acercas: acercarse (가까이 가다, 근접하다)의 직설법 현재 2인칭 단수형
  (직설법 현재형: me acerco, te acercas, se acerca, nos acercamos, os acercáis, se acercan)
- bruto/a: 어리석은, 예의 없는, 과격한
- ciego/a: 눈 먼, 장님의, 맹목적인
- sordomudo/a: 귀먹고 말 못하는
- torpe: 서툰, 우둔한, 굼뜬
- traste: 어리석은(trasto: coloquialmente, "persona inútil o informal")
- testarudo/a: 완고한, 고집 센
- convertirse en: ~으로 변하다, 바뀌다
- día y noche: 밤낮으로, 언제나
- intentado: intentar (시도하다)의 과거분사형
  (직설법 현재형: intento, intentas, intenta, intentamos, intentáis, intentan)
- enterrar: 묻다, 감추다
  (직설법 현재형: entierro, entierras, entierra, enterramos, enterráis, entierran)
- profundo/a: 깊은, 심오한
  respirar profundo: 심호흡하다
- trae: traer (가져오다)의 직설법 현재 3인칭 단수
  (직설법 현재형: traigo, traes, trae, traemos, traéis, traen)
- por la izquierda: [관용어] 잘못된, 불행한
  con el pie izquierdo 운 나쁘게, 불행히
- la pelea: 싸움, 전투
- exorcizar de: ~을 내쫓다, 몰아내다
- escapar de: ~로부터 도망치다, 달아나다
- arrancar: 뽑다, 빼다
  (직설법 현재형: arranco, arrancas, arranca, arrancamos, arrancáis, arrancan)

- esconder: 숨기다, 감추다
  (직설법 현재형: escondo, escondes, esconde, escondemos, escondéis, esconden)
- ojeroso/a: 다크서클이 낀
- flaco/a: 비쩍 마른, 힘이 없는, 나약한
- feo/a: 못생긴, 추한
- desgreñado/a: 머리카락이 헝클어진, 산발한
- tonto/a: 멍청한, 어리석은
- lento/a: 느린, 더딘, 둔한
- necio/a: 고집이 센, 멍청한
- desquiciado/a: 화난, 성난
- descontrolado/a: 무질서한, 통제력이 없는
- te das cuenta: darse cuenta (~을 이해하다, 납득하다)의 직설법 현재 2인칭 단수
- el nido: 둥지, 보금자리
- el asilo: 피난처, 보호, 도움

Que me quedes tú

Shakira

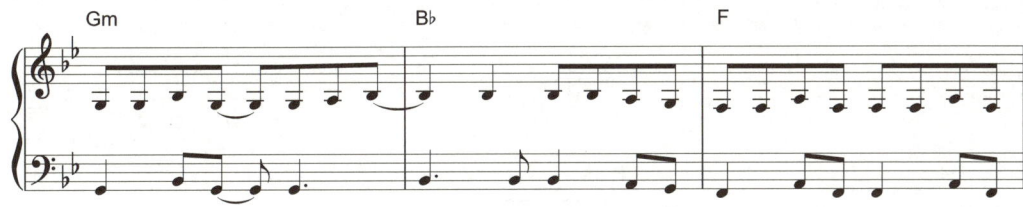
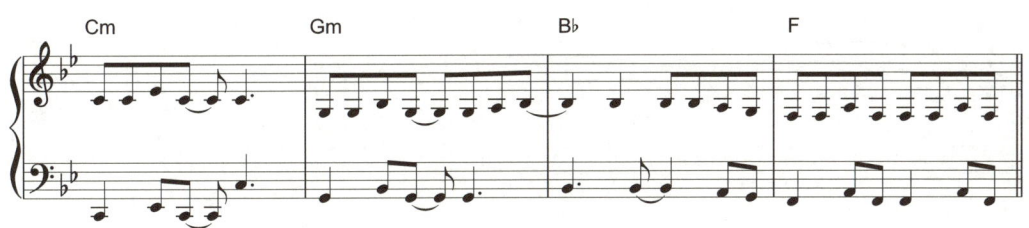

Que se arruinen los canales de noticias.
Que desaparezcan todos los vecinos,
Con lo mucho que odio
y se coman las so-

Que me quedes tú

Shakira

¡Que se arruinen los canales de noticias!
Con lo mucho que odio la televisión.
¡Que se vuelvan anticuadas las sonrisas...
y se extingan todas las puestas de sol!
¡Que se supriman las doctrinas y deberes!
¡Que se terminen las películas de acción!
¡Que se destruyan en el mundo los placeres...
y que se escriba hoy una última canción!

Pero que me quedes tú y me quede tu abrazo...
Y el beso que inventas cada día.

Y que me quede aquí, después del ocaso,
para siempre tu melancolía.

Porque yo, yo sí, sí que dependo de ti.
Y si me quedas tú
me queda la vida.

¡Que desaparezcan todos los vecinos...
y se coman las sobras de mi inocencia!

¡Que se vayan uno a uno los amigos...
y acribillen mi pedazo de conciencia!

¡Que se consuman las palabras en los labios!
¡Que contaminen todo el agua del planeta!
¡O que renuncien los filántropos y sabios...
y que se muera hoy hasta el último poeta!

Pero que me quedes tú y me quede tu abrazo...
Y el beso que inventas cada día.

Y que me quede aquí, después del ocaso,
para siempre tu melancolía.

Porque yo, yo sí, sí que dependo de ti.
Y si me quedas tú
me queda la vida.

Pero que me quedes tú y me quede tu abrazo...
Y el beso que inventas cada día.

Y que me quede aquí, después del ocaso,
para siempre tu melancolía.

Porque yo, yo sí, sí que dependo de ti.
Y si me quedas tú
me queda la vida.

내 곁에 있어줘

Shakira

뉴스 채널이 망하면 좋겠어!
난 텔레비전을 아주 싫어하거든.
웃음이 구차해졌으면 좋겠어.
모든 일몰이 다 사라졌으면 좋겠어!
교육과 의무가 폐지되면 좋겠어!
액션 영화가 없어지면 좋겠어!
이 세상에서의 쾌락이 사라지면 좋겠어...
그리고 오늘 마지막 노래가 만들어지면 좋겠어!

하지만 넌 내 곁에 있어줘 그리고 날 안아줘...
그리고 매일 새로이 시도하는 키스는 남겨줘.

그리고 해가 진 후에,
나에게 영원히 너의 슬픔이 남아 있었으면 좋겠어.

왜냐하면 난, 난 그래. 난 네게 달려있어.
그리고 만약 네가 내 곁에 있어준다면
내 인생도 나에게 남아 있어.

모든 이웃들이 사라지고...
내 순수함의 찌꺼기를 삼켰으면 좋겠어!

친구들이 한두 명씩 떠나고...
내 양심의 토막들을 상처투성이로 만들면 좋겠어!

입술에서 단어들이 사라지면 좋겠어!
지구의 모든 물이 오염되면 좋겠어!
아니면, 자선가들과 학자들이 모두 자신의 신분을 포기했으면 좋겠어!
그리고 마지막 시인조차도 오늘 죽었으면 좋겠어!

하지만 넌 내 곁에 있어줘 그리고 날 안아줘...
그리고 매일 새로이 만들어내는 키스는 남겨줘.

그리고 해가 진후에,
나에게 영원히 너의 슬픔이 남아 있었으면 좋겠어.

왜냐하면 난, 난 그래. 난 네게 달려있어.
그리고 만약 네가 내 곁에 있어준다면
내 인생도 나에게 남아 있어.

하지만 넌 내 곁에 있어줘 그리고 날 안아줘...
그리고 매일 새로이 만들어내는 키스는 남겨줘.

그리고 해가 진후에,
나에게 영원히 너의 슬픔이 남아 있었으면 좋겠어.

왜냐하면 난, 난 그래. 난 네게 달려있어.
그리고 만약 네가 내 곁에 있어준다면
내 인생도 나에게 남아 있어.

어휘 및 문법

- arruinen: arruinar (부수다, 파괴하다)의 접속법 현재 3인칭 복수
  (접속법 현재형: arruine, arruines, arruine, arruinemos, arruinéis, arruinen)
- canal de noticias: 뉴스 채널
  canal: (텔레비전과 라디오의) 채널
- odio: odiar (증오하다, 미워하다)의 직설법 현재 1인칭 단수
  (직설법 현재형: odio, odias, odia, odiamos, odiáis, odian)
- vuelvan: volver (돌아오다)의 접속법 현재 3인칭 복수
  (접속법 현재형: vuelva, vuelvas, vuelva, volvamos, volváis, vuelvan)
- anticuado/a: 오래된, 낡은
- la sonrisa: 미소
- extingan: extinguir (없애다, 끄다)의 접속법 현재 3인칭 복수
  (접속법 현재형: extinga, extingas, extinga, extingamos, extingáis, extingan)
- la puesta de sol: 석양
- supriman: suprimir (폐지하다, 없애다)의 접속법 현재 3인칭 복수
  (접속법 현재형: suprima, suprimas, suprima, suprimamos, suprimáis, supriman)
- la doctrina: 가르침, 교육, 교리
- los deberes: 숙제, 의무 (복수형으로 사용)
- terminen: terminar (끝내다, 완료하다)의 접속법 현재 3인칭 복수
  (접속법 현재형: termine, termines, termine, terminemos, terminéis, terminen)
- la película de acción: 액션 영화
- destruyan: destruir (파괴하다, 부수다)의 접속법 현재 3인칭 복수
  (접속법 현재형: destruya, destruyas, destruya, destruyamos, destruyáis, destruyan)
- el placer: 기쁨, 즐거움

- escriba: escribir (쓰다)의 접속법 현재 3인칭 단수
  (접속법 현재형: escriba, escribas, escriba, escribamos, escribáis, escriban)
- el abrazo: 포옹
- inventas: inventar (발명하다, 고안하다)의 직설법 현재 2인칭 단수
  (직설법 현재형: invento, inventas, inventa, inventamos, inventáis, inventan)
- el ocaso: 일몰, 낙조
- dependo: depender (의존하다, 좌우되다)의 직설법 현재 1인칭 단수
  (직설법 현재형: dependo, dependes, depende, dependemos, dependéis, dependen)
- desaparezcan: desaparecer (없어지다, 사라지다)의 접속법 현재 3인칭 복수
  (접속법 현재형: desaparezca, desaparezcas, desaparezca, desaparezcamos, desaparezcáis, desaparezcan)
- el vecino: 이웃 (la vecina)
- coman: comer (먹다)의 접속법 현재 3인칭 복수
  (접속법 현재형: coma, comas, coma, comamos, comáis, coman)
- la sobra: 과잉, 초과, 나머지 (las sobras: 복수일 경우, 남은 음식을 뜻함)
- uno a uno: 하나씩, 한 사람씩
- acribillen: acribillar (상처투성이로 만들다, 난도질하다, 괴롭히다)의 접속법 현재 3인칭 복수
  (접속법 현재형: acribille, acribilles, acribille, acribillemos, acribilléis, acribillen)
- el pedazo: 조각, 토막, 단편
- consuman: consumir (소비하다, 소멸시키다)의 접속법 현재 3인칭 복수
  (접속법 현재형: consuma, consumas, consuma, consumamos, consumáis, consuman)
- contaminen: contaminar (오염시키다, 감염시키다)의 접속법 현재 3인칭 복수
  (접속법 현재형: contamine, contamines, contamine, contaminemos, contaminéis, contaminen)

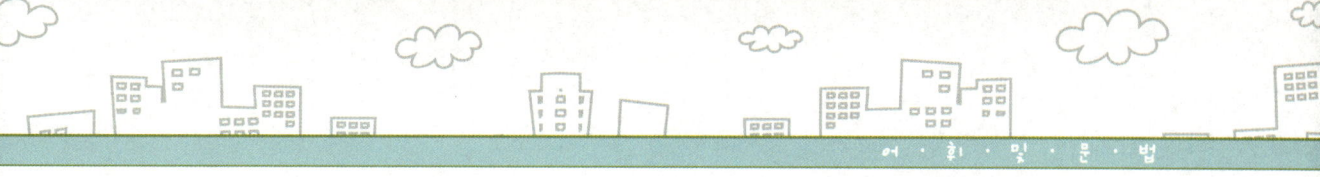

- el planeta: 행성, 지구
- renuncien: renunciar (체념하다, 포기하다, 그만두다)의 접속법 현재 3인칭 복수
 (접속법 현재형: renuncie, renuncies, renuncie, renunciemos, renunciéis, renuncien)
- el filántropo: 자선가, 박애주의자
- el sabio: 학자, 현인
- muera: morir (죽다)의 접속법 현재 3인칭 단수
 (접속법 현재형: muera, mueras, muera, muramos, muráis, mueran)

Gloria Estefan
글로리아 에스떼판

Gloria Estefan: su nombre real es Gloria María Milagrosa Fajardo García, pero su nombre artístico es Gloria Estefan. Nació en La Habana (Cuba) de padres españoles en el año 1957, pero reside en los Estados Unidos. Es ampliamente reconocida en toda América por su actividad profesional como actriz, compositora y cantante. De hecho, Gloria Estefan está incluida en la lista de los "Cien Mejores Artistas de la Música" por haber vendido más de 100 millones de discos en todo el mundo. Así pues, su éxito de ventas le ha permitido ganar siete premios Grammy en los Estados Unidos.

글로리아 에스떼판: 본명은 글로리아 마리아 밀라그로사 파하르도 가르시아이지만, 예명은 글로리아 에스떼판이다. 스페인 부모로부터 1957년 아바나(쿠바)에서 태어났지만 미국에서 살고 있다. 글로리아 에스떼판은 배우, 작곡가, 그리고 가수로 아메리카 전체에 널리 알려져 있다. 사실 글로리아 에스떼판은 전 세계에서 1억장 이상의 음반 판매량을 기록한 것으로 "최고의 음악가 백 명"에 포함되어 있다. 이러한 음반 판매의 성공은 그녀가 미국에서 일곱 번의 그래미 상을 받을 수 있게 하였다.

28 Oye mi canto

Gloria Estefan

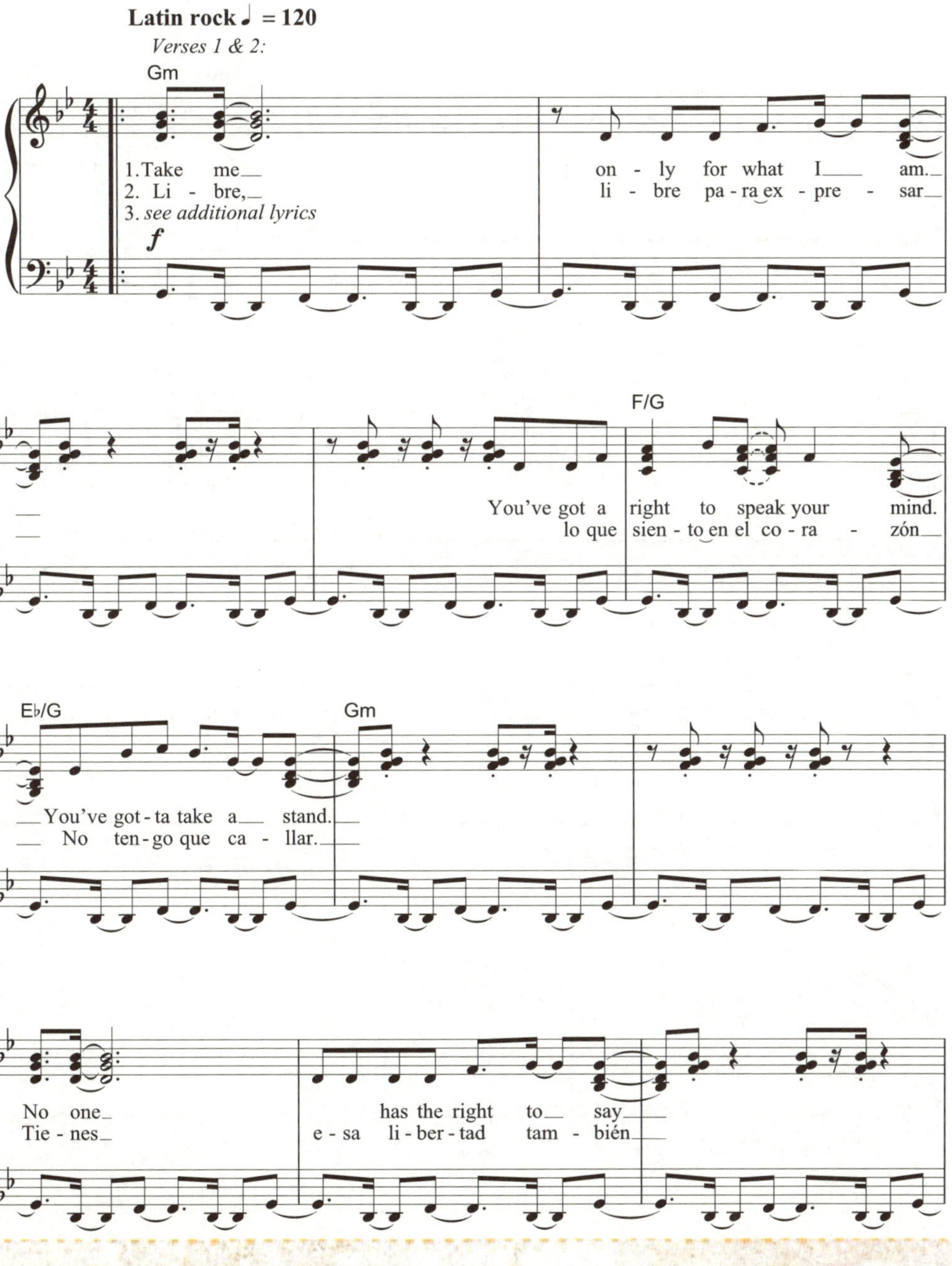

Latin rock ♩ = 120
Verses 1 & 2:
Gm
1.Take me
2. Li - bre,
3. see additional lyrics
f
on - ly for what I am.
li - bre pa - ra ex - pre - sar
F/G
You've got a right to speak your mind.
lo que sien - to en el co - ra - zón
E♭/G
Gm
You've got - ta take a stand.
No ten - go que ca - llar.
No one has the right to say
Tie - nes e - sa li - ber - tad tam - bién

Verse 2:
People, let's give each other room.
If we're gonna work it out
We better make it soon.
Love is, love is such a common word.
When it's pride mistake for love,
Isn't that absurd.
Why always take the upper hand?
It's better to understand.
Someday it'll be alright.
Changes happen overnight.

Verso 2:
Pronto los años pasarán,
y no quiero un día despertar
y ver que es tarde ya.
Algo... algo tiene que pasar.
Si miramos alrededor
está por comenzar.
Hablamos de amor... palabra común,
y no lo ofrecemos nunca.
Alguien tiene que escuchar.
Oye este canto que ya va a empezar.

Oye mi canto

Gloria Estefan

Libre... libre para expresar
lo que siento en el corazón.
¡No tengo que callar!

Tienes... esa libertad también
que es difícil de compartir.
¡Y tú lo sabes bien!

Hay que buscar la solución,
en vez de decir "adiós".

Alguien... tiene que escuchar.
¡Oye este canto que ya va a empezar!

Pronto los años pasarán,
y no quiero un día despertar
y ver que es tarde ya.

Algo... algo tiene que pasar.

Si miramos alrededor,
está por comenzar.

Hablamos de amor... palabra común.
Y no lo ofrecemos nunca.
Alguien... tiene que escuchar.

¡Oye este canto que ya va a empezar!
Alguien... tiene que escuchar.
¡Oye este canto que ya va a empezar!

¡Oye mi canto!

Creo en el amor, pero sin condiciones.
¡Oye mi canto!

Y en ayudarnos sin tener otras razones.
¡Oye mi canto!

Los celos y el odio son ya tradiciones.
¡Oye mi canto!

Hay que dejarlas atrás.
No buscar explicaciones.

¡Oye, oye, oye mi canto!
(*¡Oye mi canto!*)
¡Óyelo! ¡Óyelo!
(*¡Oye mi canto!*)
Si me puedes oír, ¡oye mi canto!
(*¡Oye mi canto!*)
¡Óyelo! ¡Oye mi canto!
(*¡Oye mi canto!*)
¡Oye mi canción, es de corazón!
¡Óyelo! ¡Oye mi canto!
¡Oye mi canto!

내 노래를 들어봐

Gloria Estefan

자유... 나는 내 마음 속에 느끼는 것을
표현하는 데 자유로워.
잠자코 있을 순 없어!

너 또한 그런 자유가 있잖아
공유하기 어려운 자유.
넌 잘 알고 있잖아!

해결책을 찾아야 해,
"안녕"이라고 말하는 대신에.

누군가는... 들어야만 해.
지금 바로 시작하려는 이 노래를 들어봐!

곧 세월은 지나갈 거야,
어느 날 깨어났을 때
이미 늦어버린 걸 보고 싶지 않아.

무엇인가... 무엇인가는 일어나야만 해.

우리가 주변을 둘러보면
곧 시작하려 하고 있어.

우리는 사랑에 대해 말하지... 보통 명사인.
하지만 절대로 주려고 하지 않아.
누군가는... 들어야만 해.

지금 바로 시작하려는 이 노래를 들어봐!
누군가는... 들어야만 해.
지금 바로 시작하려는 이 노래를 들어봐!

내 노래를 들어봐!

사랑을 믿어, 하지만 조건 없는 사랑을.
내 노래를 들어봐!

별다른 이유 없이 우리를 도와줄 것을 믿어.
내 노래를 들어봐!

질투와 증오는 이미 옛날 것이야.
내 노래를 들어봐!

이제는 떨쳐버려야 해.
설명하려고 들지 말아야 해.

들어봐, 들어봐, 내 노래를 들어봐!
(내 노래를 들어봐!)
들어봐! 들어봐!
(내 노래를 들어봐!)
나를 들을 수 있다면, 내 노래를 들어봐!
(내 노래를 들어봐!)
들어봐! 내 노래를 들어봐!
(내 노래를 들어봐!)
내 노래를 들어봐, 마음에서 나오는 노래야!
들어봐! 내 노래를 들어봐!
내 노래를 들어봐!

어휘 및 문법

- libre: 자유로운, 구속되지 않은
- expresar: 표현하다, 나타내다
  (직설법 현재형: expreso, expresas, expresa, expresamos, expresáis, expresan)
- callar: 말하지 않다, 침묵을 지키다
  (직설법 현재형: callo, callas, calla, callamos, calláis, callan)
- la libertad: 자유
- compartir: 공유하다, 분담하다
  (직설법 현재형: comparto, compartes, comparte, compartimos, compartís, comparten)
- la solución: 해결, 해결책
- en vez de: ~하는 대신에
- pronto: 곧, 머지않아, 즉시
- pasarán: pasar (지나가다, 통과시키다)의 직설법 미래 3인칭 복수
  (직설법 미래형: pasaré, pasarás, pasará, pasaremos, pasaréis, pasarán)
- despertar: 잠을 깨우다, 생각나게 하다
  (직설법 현재형: despierto, despiertas, despierta, despertamos, despertáis, despiertan)
- miramos: mirar (바라보다)의 직설법 현재 1인칭 복수
  (직설법 현재형: miro, miras, mira, miramos, miráis, miran)
- alrededor: 주위, 근처, 근교
- ofrecemos: ofrecer (주다, 제공하다)의 직설법 현재 1인칭 복수
  (직설법 현재형: ofrezco, ofreces, ofrece, ofrecemos, ofrecéis, ofrecen)
- sin condiciones: 조건 없이
- ayudar: 돕다, 협력하다, 원조하다
  (직설법 현재형: ayudo, ayudas, ayuda, ayudamos, ayudáis, ayudan)
- el celo: 질투, 질투심 (복수형으로 사용: los celos)
- el odio: 미워함, 증오
- la tradición: 전통, 관습
- la explicación: 설명, 해설

29 Tu fotografía

Gloria Estefan

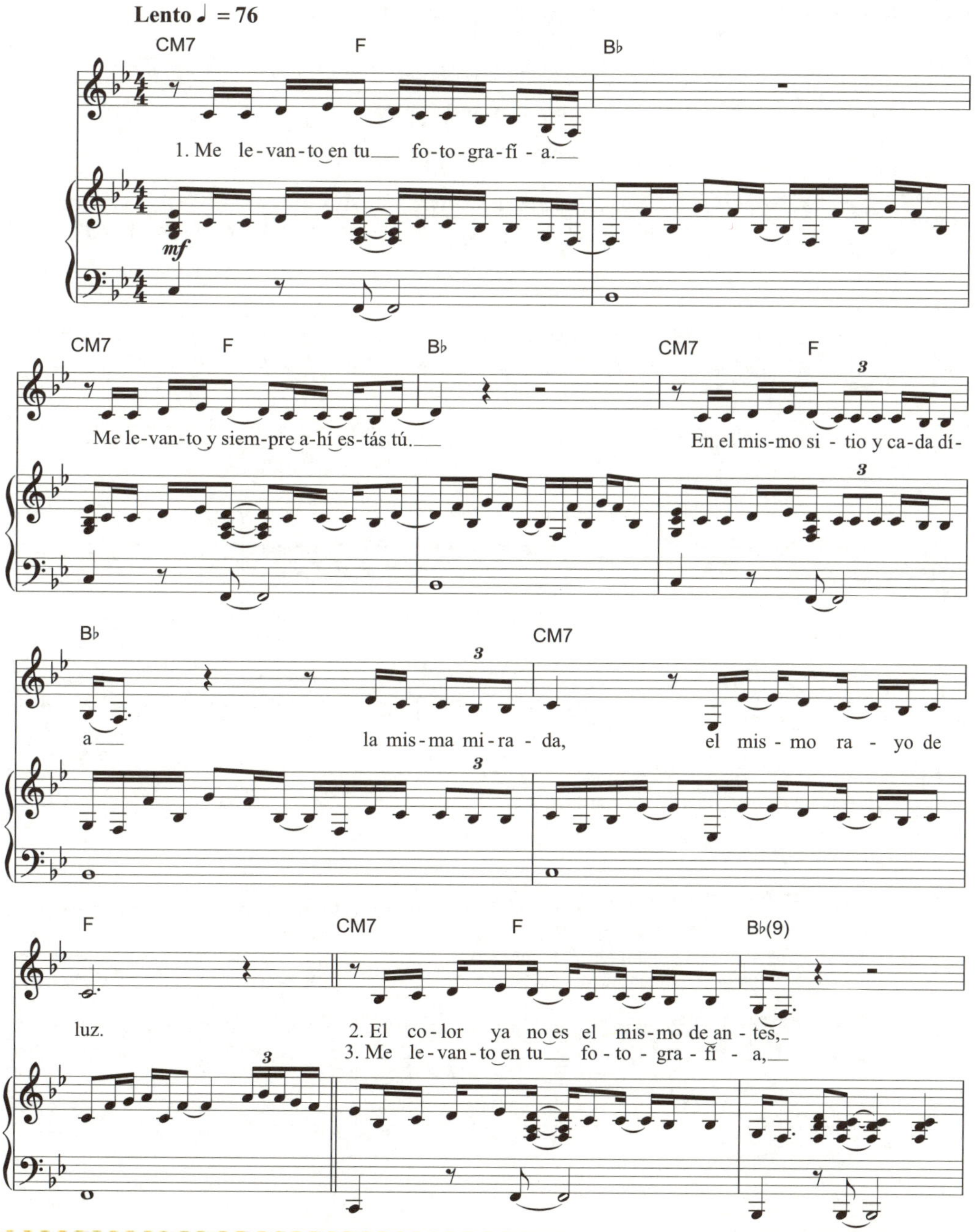

Tu fotografía

Gloria Estefan

Me levanto en tu fotografía.
Me levanto y siempre ahí estás tú.
En el mismo sitio y cada día la misma mirada,
el mismo rayo de luz.

El color ya no es el mismo de antes.
Tu sonrisa casi se borró.
Y aunque no estés claro, yo te invento
en mis pensamientos y en mi corazón.

Nadie tiene un pacto con el tiempo,
ni con el olvido y el dolor... ¡Oh, no!

Si desapareces, yo te encuentro
en la misma esquina de mi habitación.

Cada día que pasa, te pienso y te vuelvo a mirar.
Cada cosa en su sitio, el pasado presente en el polvo.

Mis dedos se juntan y quiero tenerte cambiando conmigo.

Luego miro tu foto, y el tiempo y los años...

Si me hablas de lejos, procura avisarme temprano
y así controlarme...

Me levanto en tu fotografía.
Cada día invento una actitud.
Y aunque no se note el blanco y negro...
¡Uhh!, no me desespero.
Uso mi imaginación.

Nadie tiene un pacto con el tiempo,
ni con el rocío de la flor. ¡Oh, no!
Si desapareces, yo te encuentro
en la misma esquina de mi habitación.

Cada día que pasa, te pienso y te vuelvo a mirar.
Cada cosa en su sitio, el pasado presente en el polvo.

Mis dedos se juntan y quiero tenerte cambiando conmigo.

Luego miro tu foto, y el tiempo y los años...

Si me hablas de lejos, procura avisarme temprano
y así imaginarme...
que te tengo aquí.

너의 사진

Gloria Estefan

너의 사진 속에서 난 일어나.
난 일어나고 넌 항상 거기에 있어.
같은 자리에서 항상 같은 눈빛으로
같은 태양빛으로.

사진색은 이미 예전의 색깔이 아니고
너의 미소는 거의 희미해졌어.
비록 너의 모습이 뚜렷하진 않지만, 난 네 모습을
내 기억과 마음속에서 상상해.

그 누구도 시간, 망각 그리고 아픔과
동맹을 맺지 않아... 않아

네가 사라져도, 내가 널 찾아내.
내 방의 같은 구석에서.

하루가 지날 때마다, 난 너를 생각하고 너를 다시 보곤 해.
모든 물건은 다 제 자리에, 지나간 현재는 먼지 속에 있어.

난 양손을 모으고 나와 함께 변하는 너를 옆에 두고 싶어.

이후에 너의 사진을 보고, 시간과 세월을 회상해...

멀리서 내게 이야기 할 때에는, 빨리 알려주도록 노력해 봐
그래야 내가 마음의 준비를 할 수 있을 테니까...

너의 사진 속에서 난 일어나.
매일 어떠한 반응을 만들어 내.
비록 백색인지 흑색인지 잘 구분이 되지 않더라도.
오, 난 절망하지 않아.
나의 상상에 의존하지.

그 누구도 시간, 꽃의 이슬과
동맹을 맺지 않아... 않아
네가 사라져도, 내가 널 찾아내.
내 방의 같은 구석에서.

하루가 지날 때마다, 난 너를 생각하고 너를 다시 보곤 해.
모든 물건은 다 제 자리에 있지만, 과거는 먼지 속에 존재해.

난 양손을 모으고 나와 함께 변하는 너를 옆에 두고 싶어.

이후에 너의 사진을 보고, 시간과 세월을 회상해...

멀리서 내게 이야기 할 때에는, 빨리 알려주도록 노력해 봐
그래야 내가 상상할 수 있을 테니까...
네가 여기 있음을.

어휘 및 문법

- me levanto: levantarse (일어나다)의 직설법 현재 1인칭 단수
  (직설법 현재형: me levanto, te levantas, se levanta, nos levantamos, os levantáis, se levantan)
- el sitio: 장소, 공간, 위치
- la mirada: 시선
- el rayo de luz: 빛, 광선
- el color: 색깔, 색채
- de antes: 이전부터, 전부터
- borró: borrar (지우다, 없애다)의 직설법 부정과거 3인칭 단수
  (직설법 부정과거형: borré, borraste, borró, borramos, borrasteis, borraron)
- claro/a: 밝은, 연한
- el pacto: 협정, 계약, 협약
  tener pacto con: ~와 계약을 맺다
- el olvido: 망각, 잊어버림
- desapareces: desaparecer (없어지다, 사라지다)의 직설법 현재 2인칭 단수
  (직설법 현재형: desaparezco, desapareces, desaparece, desaparecemos, desaparecéis, desaparecen)
- la esquina: 모서리, 모퉁이, 구석
- el polvo: 먼지, 가루
- se juntan: juntarse (모이다, 합치다)의 직설법 현재 3인칭 복수
- de lejos: 멀리서
- procura: procurar (~하려고 노력하다, 애쓰다)의 2인칭 단수 명령형
  (직설법 현재형: procuro, procuras, procura, procuramos, procuráis, procuran)
- avisar: 알리다, 통지하다
  (직설법 현재형: aviso, avisas, avisa, avisamos, avisáis, avisan)
- temprano: 이른, 일찍, 빨리

- la actitud: 태도, 자세
- note: notar (알아채다, 인식하다)의 접속법 현재 1, 3인칭 단수
  (접속법 현재형: note, notes, note, notemos, notéis, noten)
- blanco y negro: 흑백
- desespero: desesperar (절망하다, 단념하다)의 직설법 현재 1인칭 단수
  (직설법 현재형: desespero, desesperas, desespera, desesperamos, desesperáis, desesperan)
- el rocío: 이슬

No me dejes de querer

Gloria Estefan

Coro 2:
Quiero estar contigo juntitos
hasta el amanecer.
y ahora pa' que lo goces bien,
escúchalo con Teddy Mulet.
(Solo:)

No me dejes de querer

Gloria Estefan

Nunca quiero ni pensar
que tus ojos me dejen de ver.
No encontrarás amor
que como yo te sea siempre fiel.

(*Júrame*) Que me veré siempre en tus ojos.
(*Bésame*) Con tus labios dulces.
(*Sabor a miel*) Que a tu lado sólo quiero estar.
(*Y no hay quien*) Me llene de tanta ternura.
(*Con tu amor*) Puedo llegar hasta la Luna.
(*Escúchame*) No me dejes de querer.

(*Sólo te pido no me dejes de querer*)

Que sólo, sólo, sólo yo vivo por tu querer.
(*Sólo te pido no me dejes de querer*)
Que triste, triste me pongo
cuando no estás a mi lado en la noche.
(*Sólo te pido no me dejes de querer*)
Sólo vivo por tu amor,
y me hace falta más de tu querer.
(*Sólo te pido no me dejes de querer*)
¡Pero no, no, no me dejes de querer!
¡No me dejes de querer!

(*Júrame*) Que me veré siempre en tus ojos.
(*Bésame*) Con tus labios dulces.
(*Sabor a miel*) Que a tu lado sólo quiero estar.
(*Y no hay quien*) Me llene de tanta ternura.
(*Con tu amor*) Yo puedo llegar hasta la Luna.
(*Escúchame*) No me dejes de querer.

(*Sólo te pido, sólo te pido no me dejes de querer*)

Que no me dejes, no me dejes, no me dejes de querer.
(*Sólo te pido no me dejes de querer*)
Que tú sabes que yo vivo por tu piel.
(*Sólo te pido no me dejes de querer*)
Que cuando estoy pensando en ti, mira,
me siento muy feliz.
Y me siento bien.
(*Sólo te pido no me dejes de querer*)
¡Ay, no me dejes (*de querer*)!

(*Sólo te pido no me dejes de querer*)
Quiero estar contigo, juntitos hasta el amanecer.
(*Sólo te pido no me dejes de querer*)
Y ahora pa' que lo goces bien,
escúchalo con Teddy Mulet.
(*Sólo te pido no me dejes de querer*)

(*Sólo te pido no me dejes de querer*)
Sólo te pido no me dejes de querer.
¡Ay, no me dejes...!
(*Sólo te pido no me dejes de querer*)
¡No, no, no me dejes (*de querer*)!

가사를 익힙시다

날 계속 사랑해줘

Gloria Estefan

결코 생각하고 싶지도 않아
네 눈이 날 보지 않는다는 사실을.
이같은 사랑을 찾을 수 없을 거야
나처럼 너에게 항상 충실한.

(맹세해 줘) 너의 눈동자에서 항상 나를 볼 수 있다고.
(키스해 줘) 달콤한 너의 입술로.
(꿀맛 같은) 난 오직 네 곁에 있고 싶어.
(아무도 없어) 수많은 달콤함으로 나를 채우는 사람은.
(너의 사랑으로) 나는 달까지도 갈수 있어.
(내 말 좀 들어 봐) 날 계속 사랑해 줘.

(단지 날 계속 사랑해 주기만을 너에게 바랄게)

단지, 단지, 단지 난 너의 사랑으로 살아가.
(단지 날 계속 사랑해 주기만을 너에게 바랄게)
네가 밤에 내 곁에 없을 때
난 슬프고, 슬퍼.
(단지 날 계속 사랑해 주기만을 너에게 바랄게)
단지 난 너의 사랑으로 살아가,
네 사랑 외엔 필요한 게 없어.
(단지 날 계속 사랑해 주기만을 너에게 바랄게)
하지만, 절대, 절대, 날 사랑하는 걸 멈추지 마!
날 사랑하는 걸 멈추지 마!

(맹세해 줘) 너의 눈동자에서 항상 나를 볼 수 있다고.
(키스해 줘) 달콤한 너의 입술로.
(꿀맛 같은) 난 오직 네 곁에 있고 싶어.
(아무도 없어) 수많은 달콤함으로 나를 채우는 사람은.
(너의 사랑으로) 나는 달까지도 갈수 있어.
(내 말 좀 들어 봐) 날 계속 사랑해 줘.

(단지 너에게 바랄게, 날 계속 사랑해 주기만을 단지 너에게 바랄게)

멈추지 마, 멈추지 마, 날 사랑하는 걸 멈추지 마.
(단지 날 계속 사랑해 주기만을 너에게 바랄게)
난 너의 스킨쉽으로 산다는 걸 잘 알고 있잖아.
(단지 날 계속 사랑해 주기만을 너에게 바랄게)
내가 너를 생각할 때면, 봐봐,
난 너무 행복해.
그리고 기분이 좋아.
(단지 날 계속 사랑해 주기만을 너에게 바랄게)
아, (날 사랑하는 것을) 멈추지 마!

(단지 날 계속 사랑해 주기만을 너에게 바랄게)
너와 함께 있고 싶어, 동이 터올 때까지 함께.
(단지 날 계속 사랑해 주기만을 너에게 바랄게)
그리고 지금 네가 즐기기 위해서는
Teddy Mulet의 음악을 들어봐.
(단지 날 계속 사랑해 주기만을 너에게 바랄게)

(단지 날 계속 사랑해 주기만을 너에게 바랄게)
단지 날 계속 사랑해 주기만을 너에게 바랄게.
아, (날 사랑하는 것을) 멈추지 마!
(단지 날 계속 사랑해 주기만을 너에게 바랄게)
(날 사랑하는 걸) 멈추지 마, 절대, 절대!

어휘 및 문법

- **dejen**: dejar (놓다, 남기다, 버리다)의 접속법 현재 3인칭 복수
  (접속법 현재형: deje, dejes, deje, dejemos, dejéis, dejen)
  dejar de + 동사원형: ~하는 것을 그만두다
  Tienes que dejar de fumar. 너는 담배를 끊어야 해.
- **fiel**: 충실한, 성실한
- **jura**: jurar (맹세하다, 선서하다)의 직설법 현재 3인칭 단수
  (직설법 현재형: juro, juras, jura, juramos, juráis, juran)
  júrame: 나에게 맹세해줘 (명령형), me는 간접목적어
- **dulce**: 달콤한
- **sabor a miel**: 꿀 맛, 꿀 같이 달콤한 맛
- **llene**: llenar (가득 채우다, 메우다)의 접속법 현재 1, 3인칭 단수
  (접속법 현재형: llene, llenes, llene, llenemos, llenéis, llenen)
- **la ternura**: 부드러움, 상냥함, 다정스러움
- **triste**: 슬픈, 괴로워하는
  ponerse triste: 슬픔에 빠지다
- **hacer falta**: [관용어] 필요하다
- **el querer**: 애정, 사랑, 의지
- **me siento**: sentirse (느끼다, 생각하다)의 직설법 현재 1인칭 단수
  (직설법 현재형: me siento, te sientes, se siente, nos sentimos, os sentís, se sienten)
  sentirse bien: 몸 상태가 좋다, 기분이 좋다
- **el amanecer**: 여명
- **goces**: gozar (즐기다, 향유하다)의 접속법 현재 2인칭 단수
  (접속법 현재형: goce, goces, goce, gocemos, gocéis, gocen)